在北大听哲学课

原 度◎著

中国商业出版社

图书在版编目(CIP)数据

在北大听哲学课 / 原度著. — 北京：
中国商业出版社, 2018.2

ISBN 978-7-5208-0195-9

Ⅰ. ①在… Ⅱ. ①原… Ⅲ. ①哲学-通俗读物
Ⅳ. ①B-49

中国版本图书馆 CIP 数据核字(2018)第 015858 号

责任编辑：姜丽君

中国商业出版社出版发行

（100053 北京广安门内报国寺 1 号）

010-63180647 www.c-cbook.com

新华书店经销

三河市三佳印刷装订有限公司印刷

*

710×1000 毫米 1/16 开 15.5 印张 230 千字

2018 年 5 月第 1 版 2018 年 5 月第 1 次印刷

定价：39.80 元

* * * *

（如有印装质量问题可更换）

民国是一个异彩纷呈的时代，清末、北洋、国民政府，你方唱罢我登场。禁锢中国人几千年的封建帝制结束了，共和之路在探索中前行，思想解放，学术自由，各类豪杰层出不穷，社会氛围风云诡谲，贩夫走卒都能登上历史的舞台。

民国是一个百家争鸣的时代。风起云涌的新文化运动打开了思想和文化的国门，中国青年不仅迎来了西方的思想改造，传统的中国文化也在抗争。东西方文化大碰撞在中华知识分子中间展开，旗手们擎起一面面鲜明的文化大旗，整个社会被卷入一股思潮当中。

民国是一个大师云集的时代。近代中国的国门被开，迎进来的是枪炮、财货、思想浪潮，也送出了一批批有志青年。下东洋、下南洋、下西洋的有志青年学成归国，投身于民国的各个领域，加上中华传统文化孕育出来的人才，形成了一个属于大师的时代。

以蔡元培、梅贻琦、张伯苓、蒋梦麟为代表的教育家；以陈独秀、胡适、鲁迅、辜鸿铭为代表的思想家；以冯友兰、傅斯年、梁漱溟、汤用彤、梁实秋、林语堂为代表的文学家；以陈省身、华罗庚、叶企孙、陈克恢为代表的科学家……这些大师和他们的学术成就，为后人树立起一座座的丰碑。

如果，我们要选择一个团体作为这个大师云集、百家争鸣、精彩纷呈的时代标志的话，那恐怕就非北京大学莫属了。

北京大学自1898年创立，迄今已经屹立百年，它见证了中国近代的沧桑，也亲身经历了民国大时代，从北大开启的新文化运动更是孕育了新中国的诞生。民国大时代中，北大云集了各领域最多的大师。北大是所有中国有志青年心中的圣殿，是每个求学者梦寐以求的地方，很多人为北大一而再再而三的投考，甚至以旁听、借读的方式留在北大，只为能沐浴这些大师的智慧。

当代青年无缘民国那个动荡的时代，这是读者的幸运，但无缘北大那个大师云集的时代，则是读者的不幸。

现而今，民国已经过去数十年，我们迎来了更加富强的新中国。假设，你能够生在民国，可以学在北大，那么你是否会为能亲眼目睹一个个大师而欣喜？是否会为大师们的风采所折服？是否能够为有幸成为北大莘莘学子中的一员而激动？

人生没有假设，但好在文字是不会湮灭的，读者无缘大师的年代，而我们仍然保留着大师的智慧。今天，就让我们回到民国时期的北大课堂，去看一看大师们是如何传道授业解惑的，体会大师的言传身教，重温那个青春激荡的岁月。

本书遴选了一些在北大历史和民国历史上享有极高声誉的大师蔡元培、胡适、季羡林、傅斯年、冯友兰、鲁迅、梁漱溟、陈汉章、蒋梦麟、梁实秋、汤用彤等，将这些大师在人生哲学方面的言行和学问进行分门归类，以期为后人保留下一份珍贵的回忆，用大师的智慧，启迪我们的人生。

目　录

第一堂　蔡元培讲包容的气度

蔡元培(1869—1940)，字鹤卿，又字孑民，绍兴山阴人，原籍浙江诸暨，近代著名教育家、政治家。13 岁入私塾，22 岁中举人，23 岁中贡士，25 岁中进士，后入翰林院为庶吉士。1902 年在上海创办中国教育会并任会长，同期创立爱国学社、爱国女学。1904 年在上海组织建立中国光复会，次年加入中国同盟会。辛亥革命后，出任中华民国首任教育总长，1916 年至 1927 年任北京大学教育长、校长。蔡元培先生致力于改革封建教育，为近代教育奠定了思想和理论基础，是中国近代教育史以及北京大学历史上最重要的人物之一。

就任北大校长演讲　/ 2

兼容并包，就是求同存异　/ 5

雅量是成熟的标尺　/ 7

看人要先看其优点　/ 10

量小非君子，无度不丈夫　/ 12

得饶人处且饶人　/ 14

少一点苛求，多一点鼓励　/ 16

欣赏别人，而不是挑剔　/ 19

面对刻薄的人，更应懂得宽容　/ 21

以惠我之心惠人，以责人之心责己 / 23

第二堂 胡适讲道路的选择

胡适（1891—1962），原名嗣穈，学名洪骍，字希疆，笔名胡适，字适之，安徽绩溪人，近现代著名教育家、思想家、哲学家、红学家，民国中后期最重要的士林领袖。幼年就读于家乡私塾，19 岁考取庚子赔款官费生，留学美国，师从著名哲学家约翰·杜威。1917 年夏回国，受聘为北京大学教授，1918 年加入《新青年》编辑部，大力提倡白话文。1946 年任北京大学校长，1952 年返台湾任中央研究院院长，1962 年在台北病逝。

致毕业生的一封信 / 28
选择往往比努力更重要 / 34
不同的选择造就不一样的结果 / 36
择其善者而从之，其不善者而改之 / 38
放弃也是一种选择 / 40
当断则断，不断自乱 / 42
决定的事情就立即去做 / 44
失之东隅，收之桑榆 / 47
适合自己的才是最好的 / 49

第三堂 季羡林讲人生的境遇

季羡林（1911—2009），山东临清人，字希逋，又字齐奘，国际著名东方学大师、语言学家、文学家、国学家、佛学家、史学家、教育家和社会活动家。幼年就读于山东省立第一师范附设小学、济南新育小学，1930 年考入清华大学，1934 年，清华大学毕业后应母校济南高中校长宋还吾先生的邀请，回母校任国文教员。1935 年，报名应考清华大学哥廷根大学交换研究生，9 月赴德国学习，主修印度学。1946 年回国后受聘为北京大学教授兼东方语言文学系主任，历任中国科学院哲学社会科学部委员、聊城大学名誉校长、北京大学副校长、中国社会科学院南亚研究所所长，是北京大学的终身教授。季羡林精通英文、德文、梵文、巴利文，能阅读俄文、法文，尤其精通于吐火罗文，是世界上仅有的几位精于此语言的学者之一，被誉为“大师中的大师”。

困境是人生的特殊滋味　/ 54
珍惜人生的每一种滋味　/ 56
尽人事再听天命　/ 59
像水一样柔，也像水一样强大　/ 61
遗憾未必不是一种幸福　/ 64
岂能尽如人意，但求无愧我心　/ 66
福中有祸，祸中有福　/ 68
成功不必在我，只要尽心就好　/ 71

第四堂　傅斯年讲乐观的心态

傅斯年（1896—1950），字孟真，山东聊城人，祖籍江西永丰，近代著名历史学家、古典文学研究专家、教育家、学术领导人。傅斯年生于举人之家，幼年读私塾，1909 年就读于天津府立中学堂，1913 年考入北京大学预科，1916 年升入北京大学文科，

1918 年，受到民主与科学新思潮的影响，与罗家伦、毛准等组织新潮社，创办《新潮》月刊，提倡新文化，成为北大学生会领袖之一。五四运动期间，担任游行总指挥。北京大学毕业后考取庚子赔款的官费留学生，先后进入英国爱丁堡大学、伦敦大学研究院学习。1923 年，入柏林大学哲学院，学习比较语言学等。1926 年，应中山大学之聘回国，1929 年，兼任北京大学教授，后任北京大学代理校长、校长等职。

在北大学生活动中的檄文 / 76

人生的最高精神是乐观 / 78

身处谷底，每一步都是向上的 / 80

心中有阳光的人，到哪里都是春天 / 83

能找到理由悲伤，就一定能找到理由快乐 / 85

莫名其妙的攻击其实是一种恭维 / 88

愁苦的情绪是套给自己的枷锁 / 90

落下井的石头是可以用来垫脚的 / 92

笑容是战胜一切的必备武器 / 94

第五堂 冯友兰讲精神的境界

冯友兰（1895—1990），字芝生，河南唐河人，中国近现代著名哲学家、教育家。1918 年毕业于北京大学哲学系，1924 年获美国哥伦比亚大学哲学博士学位。回国后，任教于北京大学、清华大学、西南联合大学，新中国成立后，任清华大学哲学系主任、文学院院长，曾获美国普林斯顿大学、印度德里大学、美国哥伦比亚大学名誉文学博士。冯友兰一生致力于研究中国传统哲学，专攻墨家和儒家，著有《中国哲学史》《中国哲学简史》《中国哲学史新编》《贞元六书》等书，对中国现当代学界乃至国外学界影响深远。

人生的境界　/ 98
多一些责任，少一些自私　/ 100
别人的恩泽要永远牢记　/ 102
常怀感恩心，一生无憾事　/ 104
多给予少索求　/ 107
享受朴素的生活　/ 109
告诉眼前人，他对你很重要　/ 111
活在当下，珍惜现在拥有的　/ 113

第六堂　鲁迅讲坚韧的意志

鲁迅（1881—1936），原名周樟寿，后改名周树人，字豫山，后改豫才，“鲁迅”是其笔名，浙江绍兴人，近代著名文学家、思想家，中国现代文学的奠基人。早年就读于私塾，后留学日本学习医学，见中国人精神之孱弱，后弃医从文。回国后，历任任师范教员、中学监学、教育部官员，1920 年任教于北京大学，讲授中国小说史。鲁迅的思想，在民国时期产生了巨大的影响，也因此蜚声世界文坛，被誉为“二十世纪东亚文化地图上占最大领土的作家”。

1927 年的公开演讲　/ 118
无力感，不是你颓废的理由　/ 122
被击倒一百次，站起一百零一次　/ 124

愤慨不公平，只会成为你进步的障碍 / 126
嚼得菜根百事可成 / 129
克制是一种境界 / 131
既在矮檐下，低头又何妨 / 133
惧怕困难，只能被困难击垮 / 135
逆境和挑战能激发生命的力度 / 137

第七堂 梁漱溟讲认识自己

梁漱溟(1893—1988)，原名焕鼎，字寿铭，后以笔名漱溟行世，蒙古族，原籍广西桂林，生于北京。中国近现代著名的国学大师、教育家、社会活动家。1911 年加入同盟会京津支部，顺天中学毕业后任京津同盟会《民国报》编辑兼记者。1916 年应北大校长蔡元培聘请到北京大学任教。梁漱溟先生讲课时，教室里总是人满为患，大家都以听梁先生的课为荣，这当中就包括了当时还是年轻人的毛泽东，其思想影响了很多人的一生。梁先生一生致力于研究人生问题和社会问题，尤其醉心于用儒学来解释中国社会的种种问题，被称为“中国最后一位大儒家”。著有《中国文化要义》《东西文化及其哲学》《唯识述义》《中国人》《读书与做人》《人心与人生》等作品。

知人者智，自知者明 / 142
吾日三省吾身 / 144
虚心接受善意的忠告 / 146
善于倾听反对意见 / 148
不做别人的翻版 / 150

准确认识自己　/ 153
本色出演，做最好的自己　/ 155

第八堂　陈汉章讲责任与担当

陈汉章(1864—1938)，字云从，别号倬云，晚号伯弢，浙江象山县人，近代著名经学家、教育家、国学大师。4 岁识字，7 岁正式受业，后到丹山、缨溪书院读书，23 岁师从著名经学大师俞樾。24 岁问师于国学大师黄元同。25 岁考中举人。46 岁被京师大学堂慕名聘为教授，到京城后一改初衷继续求学，50 岁以第一名身份毕业于北大第一届史学门，传为佳话。后任教于北京大学、北京师范大学、中央大学。陈汉章一生勤奋自学和刻苦研读，致力于经史子集“四部”的研究，重视国学的发展和人才的培养，其热烈的爱国情怀和民族自豪感影响了一代北大人。

北大讲义　/ 160
做人之本　/ 161
天下兴亡，匹夫有责　/ 163
铁肩担道义，妙手著文章　/ 165
使命感是一代人的灵魂　/ 167
没有人可以孤僻冷漠地活着　/ 170
大道之行也，天下为公　/ 172
发下的誓愿，死也要兑现　/ 174

第九堂 蒋梦麟讲学习的意义

蒋梦麟(1886—1964)，原名梦熊，字兆贤，号孟邻，浙江余姚人，中国近现代著名的教育家。幼年入私塾读书，曾参加科举考试并中秀才，1904年考入上海南洋公学，1908年8月赴美留学，1909年2月，入加州大学伯克利分校，先学习农学，后转学教育学，1912年于加州大学伯克利分校教育学本科毕业，随后赴纽约哥伦比亚大学研究院，师从杜威，获得哲学及教育学博士学位。1919年初，被聘为北京大学教育系教授，五四运动后出任代理校长、校长，是北京大学历史上任职时间最长的校长。其著作有《西潮》(英文自传，后译中文)《新潮》《谈学问》《中国教育原则之研究》等。

论北大之精神 / 178
书中自有千钟粟 / 180
尽信书不如无书 / 181
知识本身不是力量，会用知识才是力量 / 183
读书不思考，好比吃饭不消化 / 185
坏书如坏友 / 187
学会莫如会学 / 189
不止在学校学，更要在生活中学 / 191
学习不会创造，模仿抄袭一生 / 193

第十堂　梁实秋讲生活的情趣

梁实秋(1903—1987)，原名梁治华，笔名子佳、秋郎、程淑等，浙江杭县（今余杭）人，生于北京，中国近现代著名散文家、学者、文学批评家、翻译家。1923 年 8 月赴美留学，取得哈佛大学文学硕士学位。1926 年回国后，先后任教于东南大学、青岛大学、北京大学，1949 年到台湾任台湾师范学院教授，1987 年病逝于台北。梁实秋一生著作颇丰，尤其是对中国传统文化有着独到的见解。其《雅舍谈吃》一书被中国美食界奉为经典。

食不厌精，脍不厌细　/ 196
爱情不是生活的点缀　/ 198
为平凡的生活增添一抹浪漫气息　/ 200
说话是一种艺术　/ 202
生活要过得有滋有味　/ 204
简朴生活仍可过得精致　/ 206
有兴趣爱好，才有生活　/ 209
不要成为索然无味的人　/ 212

第十一堂　汤用彤讲做人的涵养

汤用彤(1893—1964)，字锡予，生于甘肃渭源县，祖籍湖北黄梅县，近代著名哲学家、佛学家、教育家、国学大师。出生于书生世家，幼年就读于父亲的私塾，后考入北京顺天府学堂，与梁漱溟为同窗。1912 年考入清华学校，1917 年于毕业后留学美国，进入汉姆林大学和哈佛大学深造，获哲学硕士学位，与陈寅恪、吴宓并称“哈佛三杰”。回国后，历任国立东南大学、南开大学、北京大学、西南联大教授。1949 年后，出任北京大学副校长、中科院哲学社会科学部学部委员。汤用彤是中国现代学术史上少数几位会通中西、接通华梵、熔铸古今的大师之一。

谈文化涵养 / 216
以德报怨的力量 / 219
经得起激，抑得住怒 / 222
小不忍则乱大谋 / 224
控制自己，才能影响别人 / 226
不为烦恼所惑，不为环境所扰 / 228
理性妥协是一种涵养 / 230
遇喜不亢，恭谨谦卑 / 232

蔡元培讲包容的气度

蔡元培(1869—1940)，字鹤卿，又字孑民，绍兴山阴人，原籍浙江诸暨，近代著名教育家、政治家。13 岁入私塾，22 岁中举人，23 岁中贡士，25 岁中进士，后入翰林院为庶吉士。1902 年在上海创办中国教育会并任会长，同期创立爱国学社、爱国女学。1904 年在上海组织建立中国光复会，次年加入中国同盟会。辛亥革命后，出任中华民国首任教育总长，1916 年至 1927 年任北京大学教育长、校长。蔡元培先生致力于改革封建教育，为近代教育奠定了思想和理论基础，是中国近代教育史以及北京大学历史上最重要的人物之一。

就任北大校长演讲

1917年初春，北京大学送走了思想守旧的老校长胡仁源，在校友同学和教授们的共同推举下，原教务长蔡元培先生接任校长。这位出身于前清翰林的革命家，会带给北大怎样的改变？1月9日，在北京大学礼堂，蔡元培面对全校师生发表了就职演说。

五年前，严几道(严复，福建闽侯人）先生为本校校长时，余方服务教育部，开学日曾有所贡献于同校。诸君多自预科毕业而来，想必闻知。士别三日，刮目相见，况时阅数载，诸君较昔当必为长足之进步矣。予今长斯校，请更以三事为诸君告。

一曰，抱定宗旨。诸君来此求学，必有一定宗旨，欲求宗旨之正大与否，必先知大学之性质。今人肄业专门学校，学成任事，此固势所必然。而在大学则不然，大学者，研究高深学问者也。外人每指摘本校之腐败，以求学于此者，皆有做官发财思想，故毕业预科者，多入法科，入文科者甚少，入理科者尤少，盖以法科为干禄之终南捷径也。因做官心热，对于教员，则不问其学问之浅深，惟问其官阶之大小。官阶大者，特别欢迎，盖为将来毕业有人提携也，现在我国精于政法者，多入政界，专任教授者甚少，故聘请教员，不得不下聘请兼职之人，亦属不得已之举。究之外人指摘之当否，姑不具论。然弭谤莫如自修，人讥我腐败，而我不腐败，问心无愧，于我何损？果欲达其做官发财之目的，则北京不少专门学校，入法科者尽可肄业法律学堂，入商科者亦可投考商业学校，又何必来此大学？所以诸君须抱定宗旨，为求学而来。入法科者，非为做官；入商科者，非为致富。宗旨既定，自趋正轨。诸君肄业于此，或三年，或四年，时间不为不多，苟能爱惜分阴，孜孜求学，则其造诣，容有底止。若徒志在做官发财，宗旨既乖，趋向自异。平时则放荡冶游，考试则熟读讲义，不问学问之有无，惟争分数之多寡；试验既终，书籍束之高阁，毫不过问，敷衍三四年，潦草塞责，文凭到手，即可借此活动于社会，岂非与求学初衷大相背驰乎？光阴虚度，学问毫无，是自误也。且辛亥之役，吾人之所以革命，因清廷官吏之腐败。即在今日，吾人对于当轴多不满意，亦以其道镕沦丧。今诸君苟不于此时植其基，勤其学，则将来万一因生计所迫，出而任事，担任讲席，则必贻误学生；置身政界，则必贻误国家。是误人也。误己误人，又岂本心所愿乎？故宗旨不可以不正大。此余所希望于诸君者一也。

二曰，砥砺德行。方今风俗日偷，道德沦丧，北京社会，尤为恶劣，败德毁行之事，触目皆是，非根基深固，鲜不为流俗所染，诸君肄业大学，当能束身自爱。然国家之兴替，视风俗之厚薄。流俗如此，前途何堪设想？故必有卓绝之士，以身作则，力矫颓俗。诸君为大学学生，地位甚高，肩此重任，责无旁贷，故诸君不惟思所以感已，更必有以励人。苟德之不修，学之不讲，同乎流俗；合乎污世，己且为人轻侮，更何足以感人。然诸君终日伏首案前，芸芸攻苦，毫无娱乐之事，必感身体上之苦痛。为诸君计，莫如以正当之娱乐，易不正当之娱乐，庶于道德无亏，而于身体有益。诸君入分科时，曾填写愿书，遵守本校规则，苟中道而违之，岂非与原始之意相反乎？故品行不可以不谨严。此余所希望于诸君者二也。

三曰，敬爱师友。教员之教授，职员之任务，皆以图诸君求学便利，诸君能无动于衷乎？自应以诚相待，敬礼有加。至于同学共处一堂，尤应互相亲爱，庶可收切磋之效。不惟开诚布公，更宜道义相励，盖同处此校，毁誉共之，同学中苟道德有亏，行有不正，为社会所訾詈，己虽规行矩步，亦莫能辩，此所以必互相劝勉也。余在德国，每至店肆购买物品，店主殷勤款待，付价接物，互相称谢，此虽小节，然亦交际所必需，常人如此，况堂堂大学生乎？对于师友之敬爱，此余所希望于诸君者三也。

余到校视事仅数日，校事多未详悉，兹所计划者二事。一曰改良讲义。诸君既研究高深学问，自与中学、高等不同，不惟恃教员讲授，尤赖一己潜修。以后所印讲义，只列纲要，细微末节，以及精旨奥义，或讲师口授，或自行参考，以期学有心得，能裨实用。二曰添购书籍。本校图书馆书籍虽多，新出者甚少，苟不广为购办必不足供学生之参考。刻拟筹集款项，多购新书，将来典籍满架，自可旁稽博采，无虞缺乏矣。今日所与诸君陈说者只此，以后会晤日长，随时再为商榷可也。

蔡元培就任北大校长的时候，正是北大内部问题最严重的时候，上一任胡仁源校长虽然做出了一些顺应时代的改变，但整体办学风格仍然比较保守，沿袭的依然是晚晴以国学为主的学风，教授也以辜鸿铭、刘师培、姚仲实、陈石遗、黄季刚等旧学士大夫为主，这就引起了深受进步思潮影响的北大学生的不满。

面对这种不满，蔡元培一方面要平息矛盾，一方面又不能将这些旧学士大夫悉数裁汰，他选择了一个折中的办法，就是在保留这些人的前提下，大量引进新学、西学人才，如胡适、陈独秀等人，对于学生选课则不加限制，这就是所谓的“兼容并包、兼收并蓄”，这八个字奠定了北大改革的方向，也成为北大最重要的精神财富。而在这八个字上，我们也能够看到蔡元培先生的气度。

兼容并包，就是求同存异

世界上没有两片相同的树叶，人也一样，每个人都有自己独特的家庭背景、个性特征、思想观念等。有人喜欢安静的独处，有人则喜欢热闹的结伴而行；有人奉行沉默是金，有人则总改不了说三道四的性子；有人懂得谦让包容，有人则非常小气自私。正是因为每一个人不尽相同，有着不同的思想、生活习惯等，所以难免会与身边的人产生矛盾。

当我们处在社会这个大环境之下，要想走好自己的人生之路，就要学会辩证地看待自己与周围的人，择其善者而从之，其不善者而改之。要尊重和接纳每个人不同的想法。当然，接纳并不等于认同，而是有选择性地接受。就像古话说的“海纳百川，有容乃大”，只有懂得包容的人才能更好地丰富自己。

一个人的成就不会超过他的心理宽度，心有多大，舞台就会有多大。一个拥有宽广胸怀的人会明白“人非圣贤，孰能无过；金无足赤，人无完人”。在这个世界上，一定会有一些人和事是你所不喜欢和不能接受的。尽管如此，很多时候我们都是无法改变的，与其强求别人接受自己的思想，倒不如学会接受、理解、宽容别人与自己的不同之处。

蔡元培是一个懂得兼容并包、求同存异的智者。蔡元培面对被旧思想束缚的北大校园，非常痛心，认为大学是研究高深学问的地方，而不是灌输旧思想的牢笼。为了促进学术的繁荣和发展，蔡元培决心重新塑造北大精神，于是，他开始推行“思想自由、兼容并包”

的方针。

蔡元培一再申明：“对于学说，仿世界各大学通例，循思想自由原则，取兼容并包主义”，“无论为何种学派，苟其言之成理，持之有故，尚不达自然淘汰之运命者，虽彼此相反，而悉听其自由发展”。

在蔡元培看来，无论是何种学派的学术思想，只要是有理有据的，哪怕是与别家同样合理的思想相违背，也应该让它们自由发展下去。对于学术是如此，为人处世也应当如此。人与人之间存在差异是在所难免的，只要不违背伦理道德，不是违法乱纪之人，我们就应该予以包容，而不是予以否定。

蔡元培身上有一种难得的包容气度，在聘请教员的问题上，他只问学问、能力，不问思想、派别，能够包容和吸纳不同观点的人才，这也使得他开创出了一个群星灿烂的北大时代。直到今天，蔡元培时代的北大依然值得崇敬和怀念。

蔡元培出任北大校长时，最惊人的举动是呈请教育部聘任陈独秀出任文科学长。要知道，蔡元培与陈独秀两个人的个性完全不同。陈独秀锋芒逼人，蔡元培却外圆内方，连疾言厉色都很少见。但是，当蔡元培翻阅了十余本《新青年》后，极为欣赏陈独秀的敏锐和毅力，所以下定决心聘请陈独秀。

为了能够“招揽”到陈独秀，蔡元培一趟趟“亲顾茅庐”。当他去陈独秀的住处拜访时，由于陈习惯晚睡晚起，蔡元培就坐在门口的一张小板凳上耐心地等待着年龄小他一轮的陈独秀醒来。蔡元培的诚意和胸怀终于打动了陈独秀。后来，经过陈独秀的引荐，蔡元培又聘请胡适为北大教授，而当时的胡适是一个连博士学位都没有拿到的毛头小子。尽管如此，蔡元培还是极为肯定胡适的才学。后来，胡适在他的纪念文章中表示，如果没有蔡元培，他很可能会在一家二三流的报刊中一生当编辑。

就这样，在蔡元培“兼容并包”的精神下，北大吸引了中国各路学术精英。以文科为例，从陈独秀、胡适、李大钊、辜鸿铭、刘师培、鲁迅，到钱玄同、刘半农、周作人、黄侃，可谓大师云集。正是蔡元培这种不拘一格求人才的办学理念，吸引了大批学界名流，开创了中国教育史上一个辉煌灿烂的时代。

蔡元培这些新潮的治校方针，是他在国外留学期间感悟到的。出任北大校长期间，蔡元培求同存异，切合当时社会实际，仿效德国大学的管理方法，通过建立教授会、评议会，各科学长由教授会公举等举措，建立起了中国第一所真正意义上的现代大学。

学术需要交流互补，闭门造车永远摆脱不了原有思想的禁锢。个性差异不是问题，相互包容才能得到补充，才是社会进步之道。

学术需要兼容并包，做人应该求同存异。没有谁是绝对没有缺点的，正因为如此，我们才需要在与别人的磨合中学会包容与忍让。包容是一种雅量，亦是一种风度，只有懂得兼容并包的人才能使自己的心灵得到慰藉与升华，也只有懂得求同存异的人才能更好地加强自己与社会的联系。只有拥有海纳百川的大度与包容，才能活出笑看风云的开怀与潇洒。

雅量是成熟的标尺

无论家庭还是工作中，抱怨之声似乎永远不绝于耳。有的人抱怨配偶不体贴、孩子不听话，有的人抱怨老板苛责、同事狡诈，另外还有人抱怨社会冷漠……其实，一味抱怨除了让自己的情绪更加低落外，于事无补。

当然，每个人的抱怨也并不都是无理取闹，有些人总觉得自己有道理，为人着想却受了委屈、损失或是冤枉，实在无法容忍；有些人则认为对方头脑不清楚、说话不谨慎、处理事情不恰当、作风有问题，所以就看不顺眼、听不习惯，就会愤愤难平。很多人在遇到这种情况的时候，往往会顾及彼此的颜面，不好当面指责，只有背后频频抱怨。然而，抱怨总归无济于事，抱怨越多只会徒增无谓的困扰。

与其用怨气来折磨自己，不如用雅量来解放自己。雅量是成熟的标尺，雅量者都是懂得善待自己的智者。他们会豁达地对待被曲解的伤心事，懂得动气动怒伤身的道理，懂得要挣脱这个喧嚣吵闹的社会是很艰难的或者直接说是不可能的。所以，在面对不公或是误解的时候，他们总会选择持一颗平常心、宁静心去包容这个不尽如人意的世界。

蔡元培的容人之雅量，实为雅量高致者之典范。

蔡元培于 1917 年出版了《石头记索隐》一书，他在书中提出《红楼梦》是一部政治小说。在他看来："作者持民族主义甚挚。书中本事，在吊明亡，揭清之失，而尤于汉族名士仕清者，寓痛惜之意。"当时正值五四运动时期，民众间有着强烈的"反对满清"意识，所以蔡元培的这一见解得到了广泛的传播。

时隔四年之后，胡适发表《红楼梦考证》，矛头直指蔡元培。胡适不留情面地指出蔡的索隐是牵强附会的"大笨伯猜笨谜"之举，并批评蔡元培及其支持者们走错了路，还忠告爱读《红楼梦》的人：我们若想真正了解《红楼梦》，必先打破这种种牵强附会的《红楼梦》谜学！"

胡适为了驳倒蔡元培，树立考据派的地位，开始四处寻找录有曹雪芹身世的《四松堂集》。就在他四处找寻不到无计可施的时候，蔡元培托朋友为他借到了这本书。拿到此书的胡适根据书中的史料记载，更加有力地推翻了蔡元培"政治小说"的论断，证明了曹雪芹是《红楼梦》的作者，《红楼梦》是曹雪芹自述的结论。与此同时，胡适还提出了建立新红学，提倡借助对作者和版本的考证，传播科学的研究方法和科学主义的新思路。就这样，蔡元培协助胡适一手将自己从红学研究带头人的宝座上拉了下来，而胡适则带领着考据派占领了主流红学研究的山头。

蔡元培帮对手借书的举动无异于给敌人送弹药，尽管自己的学术论断因此被推翻，但是这也恰恰从另一方面展现了蔡元培作为一代大师的雅量。从这事上可以看出，蔡元培的雅量如高山仰止，其容人之量非一般人能做到，而后人对其“民国的圣人”的评价绝非虚言。

另外值得一提的是，胡适跟蔡元培是很好的朋友，不仅如此，蔡元培还对胡适有知遇、擢拔之恩。当初，如果不是蔡元培将胡适聘为北京大学教授，胡适也不会走出一条辉煌的学术道路。鉴于这种紧密关系，胡适如此不留情面地公然撰文否定蔡元培的学术成果，在别人看来简直就是忘恩负义，实在有损朋友情谊。但实际上，两人的友谊并没有因此受到丝毫的影响。

蔡元培除了表示不能接受胡适的批评，写了两千余字，作了四点争辩之外，再也没有任何冲动之举。胡适一直对蔡元培非常敬重，他甚至还在《红楼梦考证·跋》的最后，引用了亚里士多德的一段话，“朋友和真理既然都是我们心爱的东西，我们就不得不爱真理过于爱朋友了”，另外他还写道，“我把这个态度期望一切人，尤其期望我最敬爱的蔡先生”。

如今看来，这段故事仍不失为一段佳话，朋友之间的学术之争能够如此不伤和气实在是难得。胡适爱真理胜过爱朋友、爱师长的独立精神令人深感敬佩，而蔡元培不动用手中职权压制学术论争的对方，也让我们看到了他不同于常人的肚量与胸襟。

做人就该有如此雅量，懂得道法自然，懂得不以物喜不以己悲，懂得欣赏别人的优点，虚心接受别人的批评。雅量是一个人成熟的标尺，他们总能在事件中做到恰到好处：潇洒但不狂妄放肆，博学但不傲慢高傲，不在小事上计较，化干戈为玉帛。

看人要先看其优点

孔子曰："三人行，必有我师焉。"这位儒家学派的创始人，伟大的思想家、教育家，为什么会劝世人向别人学习呢？因为每个人都有优点与缺点，只不过有人优点多，有人优点少罢了。正所谓天生我材必有用，从某些方面来说，每个人都是人才，只是有时候我们没能发现别人的优点罢了。孔子之所以能够成为一代大师，是因为他善于发现别人的优点，并愿意去虚心学习，借鉴。

西方有句经典名言说，每个人都是上帝咬过一口的苹果。正所谓，尺有所短，寸有所长，任何人都是优点与缺点的结合体，我们要做的就是发现别人的优点，弥补自己的缺点。人人有自己的缺点和优点，这是很正常的事情，关键在于我们从什么角度去看他人了。如果先看到一个人的优点，我们就会以欣赏的眼光看待这个人；如果我们先看到了一个人的缺点，我们就会否定这个人。

如何评判一个人，将关系到我们成功路上是否能够找到可以给予我们帮助的人。生活中，如果你所看到的人都是不错的，那么你就能够信任他们，也就能够热情地对待他们，这必定有助于激励自己，完善自己，并帮助自己最终走向成功；如果你只看到别人的缺点，而忽略了缺点之后的果实，那么你便永远无法找到值得信任、学习的人，更无法提高自己，最终只有在嘲笑别人中慢慢堕落。

生活本就是一条互助之路，如果你看不到别人的优点，那你就找不到值得信任的人，而你的一生也会变得孤苦无依。蔡元培先生就是一个善于发现他人优点的人，他发现和起用梁漱溟就是一个很好的例子。

民国初期，蔡元培出任第一届教育总长，当时身为青年记者的梁漱溟在同盟会的《民国报》工作，常常出入于国会、总统府、国务院及各政党总部，曾多次接近并采访蔡元培先生。后来，蔡元培出任北大校长，梁漱溟就拿着自己的论文《穷元决疑论》登门求教。蔡元培当即告诉他："我在上海时已在《东方杂志》上看过了，很好。"

不仅如此，令梁漱溟更为吃惊的是，蔡元培竟然提出请他到北大任教并负责印度哲学一门课程。听到这一消息，梁漱溟大吃一惊，他谦虚地表示，对印度哲学并不了解，印度宗派那么多，而他只是领会了一点佛家思想而已，实在难当此重任。蔡先生回答说："你不是喜好哲学吗？我自己喜好哲学，我们还有一些喜好的朋友，我此番到北大，就想把这些朋友乃至未知中的朋友，都引来一起共同研究，彼此切磋。你怎可不来呢？你不要当老师来教人，你当是来共同学习好了。"蔡先生的诚恳打动了梁漱溟，他最终应承了下来。此时的梁漱溟年仅二十五岁，只是司法部的一个小秘书，没有任何学历。尽管如此，蔡元培却认定梁漱溟是一个可造之才，他相信自己看人的眼光。

事实证明，蔡元培的确没有看走眼，梁漱溟虽然年轻，但他所授之课在北大独一无二，颇受学生欢迎，听课者常常多达二百多人，不得已由小教室换为大教室。他的学生中不乏像冯友兰、朱自清等后来名动一时的学者。

另外，蔡元培相当看好陈独秀。当时陈独秀在校内得罪了不少人，在校外引起的争议更多。由于陈独秀个性锋芒，言行不检，常常予人口实。蔡元培虽知他有种种短处，却终究还是对他的为人极为肯定，对他的言论主张更是认同，所以总是不顾别人的反对，出面大力支持。

由于蔡元培看人总是先看一个人的优点，所以他就像是民国时期的伯乐一样，经过他的手终有一番作为的千里马不在少数，而他也在成就别人的同时成就了自己。

一位作家曾说过："写作和厨师做菜一样，当一个作家总是找别人缺点，或一个厨师总说别人菜不行时，肯定写不出好作品或烧不出好菜。一个伟大的厨师和作家，总能发现并用别人的优点来提高自己，所以他们伟大。"

善于从别人的优点看人的人，都是朋友遍天下的人。他们在肯定别人的同时，也会成就自己；总是挑别人刺的人，必定是没有什么朋友的人，最终只会在孤芳自赏中慢慢消亡。

以欣赏的目光看人，看到的是智慧的光芒；以鄙夷的眼光看人，看到的只是产生距离的不满和抱怨。可见，为人为己，还是多加欣赏一个人的优点为好。

量小非君子，无度不丈夫

度量，是一种宽容，是为君子者必须懂的一门学问。做人只有以宽容之心待人，才可以赢取别人的信任和帮助，有宽容之心，方能聚集人才，获得成功的力量。很多时候，度量还是一种忍耐，孔子曰"小不忍则乱大谋"，说的就是对度量的自觉追求。

凡成大事者必有远志，而成大事者也必定要有度量，懂得忍耐是一种理智，是谋求长远目标的体现。在复杂的人际关系中，善忍者才能成就大事。有度量的忍让并不是示弱，而是一种养精蓄锐，是一种蓄势待发的智慧。

一个要有所作为的人度量是必不可少的。原因很简单，度量小，忍耐力不够，就无法适应拼搏路上时常出现的不公与责难。心理承受不了，就会冲动蛮干，而这对一个人的前途是有百害而无一利的。

很多时候，一个人要想成就大事，就一定要有成就大事的度量，量小非君子，无度不丈夫。只有拥有宽广心胸的君子，才能有容人之所错的度量。对人宽容大度，才能受到别人的尊重。对于想成就大事者而言，虚怀若谷的胸襟是不可缺少的。

蔡元培出任北大校长的时候，他的社会地位可想而知的，但是当他面对无名小辈来信指责的时候，却没有因为自己是校长而大发雷霆，反而是态度诚恳地提出了解决之法。

有一位叫马兆北的学生，考上了向往已久的北京大学。报到那天，马兆北心情极为激动，他踏着轻快的脚步迈入北大校门。他一进大门，就看见门上贴着一张公告，上面写着：凡新生来校报到，需要交一份由现任的在北京(北平)做官的人的签名盖章的保证书，方能予以注册。

看完公告后，马兆北极为气愤，被愚弄的感觉霎时涌上了心头。出于不满，他奋笔疾书给蔡元培校长写了一封信。他在信中写道："我不远千里而来，原是为了呼吸民主空气，养成独立自尊的精神。不料还未入学，就强迫我到臭不可闻的官僚面前磕头求情，未免令我大失所望。我坚决表示，如果一定要交保证书，我就坚决退学。"字里行间，马兆北不免流露出对蔡元培先生为首的校方的不满。

马兆北一时气愤将信寄了出去，他并没有抱多大希望，毕竟自己指责的对象是鼎鼎大名的校长，而自己只不过是一个没有名气的新入学的学生，他又怎么会指望收到答复呢？只不过是想发泄一下心中愤恨的情绪而已。信寄出后，马兆北开始收拾行装，准备另择他路。

就在马兆北已经快把这件事忘了的时候，突然收到一封来信，信的开头写着"马兆北先生"，再看下边的署名，竟然是蔡元培校长的亲笔："弟兆北谨启"。马兆北甚是惊讶，他完全没有想到蔡元培会亲笔给自己写信。他连忙读信："查德国各大学，本无保证书制度，但因本校是教授治校，要改变制度，必须由教授会议讨论通过。在未决定前，如先生认为我个人可以作保的话，就请到校长办公室找徐宝璜秘书长代为签字盖章。”

对于马兆北信中的不敬言辞，蔡元培非但没有责备反倒表达了自己对学生发自内心的诚恳之情。由此不难看出，蔡元培虽为一校之长，但没有擅做主张他本人对交保证书的做法并不赞同，但还是认真遵守学校的规章制度，要尊重教授和教授会议做出的决定。

马兆北看完信后，深表自责，他没有想到校长会在百忙之中对自己这样一个不知深浅的无名小卒以礼相待。蔡元培在书信中的气度和容人之量令他刻骨铭心，难以忘怀。

面对无名小辈的愤然指责，蔡元培谦逊容人的态度的确令人敬佩。有度量的人往往处事沉稳，当我们在听到别人陈述或解释时，即使明知其在说谎或是强词夺理，也不该立刻表现出不满，因为这样不仅会令别人很没面子，也会显得自己很小气。无论你是身居高位还是声名显赫，你都应该有与身份相符的度量，不要在人前趾高气扬，要知道谦恭的语气更能够彰显你的气度。只有随时随地以谦恭的态度对人，才能表现出你的风度和良好的修养，从而不失君子风范。

得饶人处且饶人

人生短暂，有很多有意义的事等待我们去追求，与其在不断的“讨个说法”中浪费时间，不如敞开心扉，得饶人处且饶人，与人无怨、与世无争地过自己的人生。

如果你觉得自己是位得理不饶人的人，那么在同别人交谈时，一定要学会克制自己，不能总是为了一点不值一提的小事在嘴巴上占尽别人的便宜，否则时间一长，你与朋友之间的关系必定会逐渐疏远。有些人总是为一些小事争得不亦乐乎，这样的人在社交场合永远不会受欢迎。与斤斤计较的人在一起是一件非常劳累的事，说不定你的一句无心之言就会遭到朋友的一通“说教”。

不讲理是缺点，得理不饶人，则是一个盲点。其实，不管什么时候，理直气“和”都比理直气“壮”更能缓和彼此的气氛，更容易说服、改变他人。

日常生活中，一定要做到得饶人处且饶人，毕竟很多时候朋友之间并没有什么非要计较到底的矛盾，在无可厚非的小事面前留一点余地给得罪你的人，给对方一个台阶下，未尝不是令对方感到愧疚的好法子。否则，如果得理不饶人不仅无法制服眼前的这个“敌人”，还会让更多的朋友疏远你。

人海茫茫，世事无常，正所谓三年河东三年河西，人与人难免都会有“后会有期”的时候，你今天得理不饶人，怎知他日你与他不会狭路相逢？到了那时，如若他势盛你势弱，吃亏的可能就是你了。得理且饶人，不仅不会让你少一个朋友，还能让你少一个敌人。放下你不值一提的仇恨，就是为自己留条后路！得饶人处且饶人，你为别人留后路的同时，也为自己扫清了前进路上可能遇到的敌人。

与人交往时，彼此之间难免会有一些不合时宜的玩笑，有时候玩笑开过了就容易伤和气，但是如果你能得饶人处且饶人，那么别人的玩笑在你看来也只不过就是一个“冷笑话”而已，你又何须计较呢。

蔡元培就曾经遇到过这样一件事情，当他被好友开了一个并不好笑的玩笑时，不仅没有生气，反而急中生智为这个笑话增添了几许幽默，足见蔡元培先生的涵养和气度。

那天，北大的一群名流雅士集聚一堂，一群人有说有笑，气氛极为热闹。这时钱玄同冒失地问蔡元培：“蔡先生，前清考翰林之人那可都是个个写得一手好字，也只有字写得很好的人才能考中，可先生的字写得这样蹩脚，又是怎么考上翰林的呢？”

当时蔡元培的身份在这一群人中也是极为尊贵的，听到这一番话他不禁觉得甚是惭愧，没料到钱玄同会这样问，一时不知道如何应对，坐在周围的一众名流都不知道该说什么来缓和尴尬的气氛，都为蔡元培捏了一把冷汗，都以异样的神色看着他。这时，蔡元培的脑海里突然闪现出一个不循常规的书法家黄山谷，即北宋时期著名的书法家黄庭坚，此人字体张扬，如铁干铜枝，似高峰奇石，以刚劲奇崛著称。想到这里，蔡元培笑着回答说："我也不知道，大概那时正风行黄山谷字体的缘故吧！"大家听闻此言，无不忍俊不禁。

生活中，每个人难免会有尴尬或做错事的时候，面对此种情况，心胸狭窄的人总是喜欢为难别人，也不愿意宽容或原谅别人，一旦占据上风更是咄咄逼人，甚至乘人之危，抓住别人把柄不放，并以此为乐。

得理不饶人，也许是你的权利，你占据一个"理"字，自是没有什么大错可言，但是将心比心，令别人难堪实在不是君子之举。你不妨得理且饶人，为对方留点面子和立足之地，这样一来，等到对方得理时，你同样也会得到对方留给你的面子和立足之地。要知道，得饶人处不饶人并不等同于据理力争，前者是小气，后者是勇气。

求胜要分场合，无关大是大非的事情倒不如谦让一步，公道自在人心，执着于一些形式上的公正又有何意义呢？当对方自知理亏时，何不放他一条生路？如此，他会心存感激，来日自当图报，即便不报，也不会再与你为敌。只有在小事上求败，才不会引起别人的忌妒，也不会影响你与他人的关系。

少一点苛求，多一点鼓励

一位哲人曾经说："有一种内在的科学规律：我们鼓励什么就增加什么。通过鼓励，你可以把一个怯弱者变成坚强者，把一颗恐怖的心改造成和平而自信的心，使极度神经衰弱者恢复平衡和力量，使将倒闭的企业重新兴旺发达，获得成功，使不满足变成满足和支持。”

当一个人努力前行的时候，内心往往是孤立无援的，而此时，哪怕是一个陌生人的鼓励也会令他信心倍增，从而重振信念走下去。鼓励就是承认他人的长处和成就，肯定他人的努力与信念。当对方的行为受到称赞时，他会受到鼓舞，从而在内省中发挥出更大的积极性，继续努力前行。被我们鼓励的人可能是第一次得到别人的肯定，认识到自己的优点。从此，也许他就可以将自己的这个优点发扬光大，并做出一番成就。

唐代文学家皮日休说：“毁人者，自毁之；誉人者，自誉之！”诋毁别人，也是在诋毁自己的人格。赞誉别人，却能提高自己的人格。当我们鼓励他人的时候，内心也会受到触动；当我们肯定他人的优点时，也可以激励自己，促使自己不断提高。你之所以会鼓励一个人，肯定是因为这个人身上有长处，而在发现他人的优点和长处的时候，你也会发现自己的差距，意识到怎样努力才能赶上去。

心理学研究表明，人们在希望得到别人鼓励的同时又会害怕别人的苛求。所以，无论在人际交往还是在教育子女上，都应该尽量避免批评、指责的态度，不要太过苛求，其实巧妙迂回的鼓励与赞美也不失为一种好的批评方式。

当一个人犯了过错的时候，并不等于他一无是处。如果你在指责对方缺点的时候忽略其长处，对方会感到心理上的不平衡，感到委屈，从而产生抗拒心理。如果一定要指责对方的过错，倒不如在批评的同时，对于其优点毫不吝惜地给予欣赏和鼓励，只有这样才能达到指责与鼓励的最佳效果。

我们无论生活中扮演什么样的角色，都需要鼓励他人。也许我们会觉得鼓励、赞美他人很难做到，总觉得我们的嘴巴常吝于给别人夸赞。其实，我们无须时时扮演居高临下、言语严肃的角色，与人沟通时应该实事求是地表达自己的内心感受。只要不虚伪，不言过其实，不颠倒是非，适度地给予对方肯定，表达自己的信任与支持，都将会有助于双方感情的建立，达到良好的沟通效果。

只有与人站在同一高度上，给予别人尊敬与鼓励，才能在人与人之间形成良性互动。

蔡元培先生就任北京大学校长是在1916年的冬季，那时的交通工具还很简单，凡是领导走马上任都需要坐马车。那天，当蔡先生从马车上下来的时候，看到校门口有许多人在迎接。细问才知道，原来这是学校的规矩，校长到来大家必须遵循礼仪表示欢迎。

接待蔡元培先生的随行人员对蔡先生说了声："您请。"蔡元培没有拒绝大家的迎接之礼，只是他一边往前走，一边脱帽向两边欢迎他的人们致意，并和颜悦色地点头致谢，态度和蔼地说道："谢谢诸位，大家辛苦了！"

蔡元培的亲和态度令大家甚为感动，这无疑是对迎接他的人们最大的尊敬与鼓励。在场的人们纷纷赞叹："蔡先生是一位平易近人的好人！"

如果这件事情发生在今天，也许并没有什么可以值得大肆宣扬的，但是要知道，在刚刚推翻封建帝制的民国初期，蔡元培先生此举无疑是抛弃了旧官场上的那一套官礼陋习，对普通老百姓谦恭礼让，肯定他们的辛劳，给予他们鼓励与赞赏，这种礼待庶人的行为，实在是令人佩服。

谁都希望受人尊敬、被人喜爱，如果有人在我们的身旁鼓励我们，称赞我们，那我们就更乐于这样做，也会因此变得越来越完美。《弟子规》中说：道人善，即是善，人知之，愈思勉。

相反，得不到肯定和鼓励，甚至经常遭受苛求的人就容易变得心灰意冷，一蹶不振。鼓励对于温暖人类灵魂而言，就像阳光一样。我们只有抛弃冷言冷语，才能成为一个播洒阳光的人，同样也会因此而受到尊敬。

真诚的赞美是一种使人不断完善的美好途径，是一个人奋勇前进的不竭动力。一句鼓励的话语，一个肯定的眼神，会使一颗疲惫而困顿的心感受到阳光般的温暖，这股暖流会流经全身，最终转化成蓬勃向上的动力，奇迹正是这样被激发出来的。

欣赏别人，而不是挑剔

我们有一个通病：喜欢自己胜过喜欢别人。在同样的错误面前，常常会轻而易举地原谅自己，而对别人的歉意视而不见，甚至抓住一点小错很长一段时间都耿耿于怀。对于别人的优点，总是找出千般理由加以诋毁，为的就是以此证明比别人好。然而，一番比较与计较下来，非但没有彰显自己有多么优秀，反倒让自己的小气一览无遗。

做人与其斤斤计较，用从别人身上挑剔下来的缺点来堵塞自己的内心，不如学会欣赏他人，通过欣赏别人的优点来充实和提高自己。要知道，人本来就不完美，也只有不完美才能享受不断追求完美的过程。只有承认自己和别人都不完美，才能发自内心地欣赏别人，同时欣赏自己。

欣赏他人的人看到的都是美，挑剔别人的人看到只有丑。

我们要想活在一个充满美的世界里，就要学会欣赏，用双眼去发现生活中的美好。

高明的人善于欣赏别人的所作所为，而不是去挑剔他人。日本著名企业家松下幸之助曾经说过："身为一个经营者，如果总觉得员工这里不行，那里不行，以鸡蛋里挑骨头的态度来观察部属，不但部属不好好做事，久而久之，他会发现周围没有一个可用的人了。”如果想拥有更多的朋友，在朋友间保持快乐的心境，消除心中的不满和苦闷，就得学会不挑剔别人，尝试着去欣赏别人。

唐朝盘山宝积禅师说：“心若无事，万法不生，意绝玄机，纤尘何立?”这句话的意思是说，心中的烦恼和苦闷都是自己惹出来的，这些本来是不存在的，只是因为太过在意，所以才会挥之不去。只要不那么想，自然就不存在了。

我们的情绪之所以不好，是因为挑剔得太多，进而产生不满，徒生苦恼。其实，世上本没有那么多的烦心事，只要你愿意将心放宽，事情很快就会过去。其实，很多事情原本没那么糟，只是我们过于挑剔才会显得世事不顺。当我们愿意欣赏别人的优点时，就会发现曾经计较的那些缺点是多么不值一提。

蔡元培先生幼年丧父，历经坎坷才有了后来的一番作为。蔡元培的父亲在世的时候是一家钱庄的经理，虽是商人，身上却没有一点铜臭味。蔡父待人宽厚，慷慨大度。朋友有急，必设法周济，并且借出钱款之后常常不忍心上门催债。蔡父尽管当了一辈子钱庄老板，去世时家里却没有一点积蓄。当时的蔡元培只有 11 岁，他有一个哥哥，两个弟弟，三个妹妹。蔡元培的母亲一个人带着这么一大帮孩子生活，其艰辛程度可想而知。一些亲友看在眼里感到非常不安，于是提议捐款救济蔡元培一家，却遭到蔡母的婉拒。

生活一落千丈的蔡元培并没有埋怨过父母，他知道母亲是一个贤惠能干的女人，决不会接受别人的施舍。后来，蔡元培自己也称，他性格上的宽厚得自父亲，而不苟取、不妄言，则“得诸母教”。

令人欣慰的是，尽管蔡元培父亲生前借给别人的钱多无欠条，但是当蔡父去世后，生前借贷的人主动前来还债，并含泪说：“不能在良心上亏负了蔡先生。”这也许就是所谓的善有善报，蔡父生前的宽厚终是得到了回报。

与蔡元培少时的懂事相比，现在的很多年轻人却心无愧疚地过着啃老的生活，而一些家里没有什么靠山的年轻人却指责父母无能。要知道，当指责父母的时候，你可曾想过他们又曾亏欠过你什么。

无论父母还是朋友，我们都不要太过苛责。人生归根结底还是你一个人的，是富贵是贫穷，是幸福是残缺，都是需要你一个人去打拼。喜欢挑剔的人往往是心怀各种不满的人，而懂得欣赏别人的人才能发现生活带给自己的美好。

学会欣赏别人，必须先学会认清自己，只有看到自己的不足，知道还有需要向别人学习的地方，才不至于在与别人交往的时候，自狂自大，目中无人，总是嘲讽一个人的缺点。人与人之间的感觉是相互的，当你对一个人百般挑剔的时候，别人也会对你不满，自然不会真诚相待了，更有甚者有人会心生怨恨，伺机报复，那可就着实不妙了。

与其招人嫉恨，不如令人心怀感恩，而人与人之间的所有情感都是通过欣赏产生的。只要我们对别人多些掌声和真诚的祝福，就会发现与人相处并不是很难，做起事来也会因此顺当很多。

面对刻薄的人，更应懂得宽容

巴尔扎克曾经写道：“世上所有德行高尚的圣人都能忍受凡人的刻薄和侮辱。”生活中，遇到言语刻薄的人是在所难免的，与其针锋相对，不如适当宽容不予理会。其实，很多时候与刻薄的人相处要比与那些有意迎合你的人相处对你的人生更有帮助。因为，尽管一些人话语尖酸，行为刻薄，但是他们往往说的都是心里话，而你也更容易从他们的刻薄中知道自己的不足；但是那些一味拍你马屁的人只会令你变得高傲自大，自以为是。

不仅如此，与刻薄的人相处对于一个人来说绝对算得上一个不小的挑战，也只有经得起这个挑战，你才能学会包容，懂得调节自己的情绪，从而以更好的气度与人交流。

关于宽容与刻薄，汪国真曾经写过：宽容与刻薄相比，我选择宽容。因为宽容失去的只是过去，刻薄失去的却是将来。一个不懂宽容的人将失去别人的尊重，一个一味刻薄的人将失去自己的尊严。对待别人的宽容，我们应该知道自惭；宽容地对待别人，我们学会了自律。宽容者让别人愉悦，自己也快乐；刻薄者让别人痛苦，自己也难受。如果别人已不宽容你，就不要去乞求宽容，乞求得来的宽容不是真正的宽容。如果你想宽容别人，就不要等到别人来乞求，记住一句老话："给"永远比"要"令人愉快。

很多时候，当我们看到别人说道理的时候都深觉有理，但是一到自己的身上就难以实践，其实做人的哲学并不是懂了就行了，它需要我们去不断践行。智者的人生从来是一个不断自我完善的过程。

每个人都有自己的世界，每个人都有自己的修行。做人最可悲的不是活在狭窄的天地中，而是活在自己的世界里，并坐井观天。我们应该将自己的心境放到一个大环境下，当我们遇上刻薄之人时，要辩证地欣然接受，要借此学习宽容以提高自己的胸怀。当你能够无视别人的尖酸刻薄，事后还能宽容他人时，那你就达到了一定的境界。

蔡元培就任中华民国教育总长期间，曾经无意中读到一个叫胡玉缙的人写的文章。蔡元培觉得这篇文章内容生动，材料丰富、翔实，于是便引起了他的浓厚兴趣。蔡元培一连读了好几遍后，决定要将这篇文章的作者聘请到部中任职，让下属官员起草了一封邀请信。

当时的胡玉缙在学术界还只是个无名小卒，与蔡元培素昧平生。在一般人看来有蔡元培这样的大人物举荐，胡玉缙自然感激涕零。可谁曾想到，当胡玉缙接到蔡元培寄来的邀请信后，非但没有感激，反而给蔡元培写了一封抗议信。

问题出在蔡元培让下属写的信上。作为后来我国著名的国学大师，胡玉缙的国学功底是可想而知的，所以他不免会咬文嚼字，跟一封信过不去。信是这样写的："奉总长谕：派胡玉缙接收(教育部)典礼院事务，此谕。"

胡玉缙看完信后，按字面理解，"谕"和"派"两个字是上级对下级使用的词语，包含着必须服从的意思。胡玉缙认为，自己不是教育部的雇员，不存在上下级关系，他深感不是滋味。特别是最后的一个"谕"字，更是令他颇为气恼。"谕"字本来是封建专制时代使用的"特定词"，胡玉缙对此实在无法容忍，于是写了封抗议信。

蔡元培接到胡玉缙的抗议信后，觉得自己办事不力，内心深为不安。他立即给胡玉缙复信表示歉意，并表示"责任由我来负责"。

因蔡元培部属拟稿用字失当，当时还是无名小卒的胡玉缙竟以一封回信对教育总长表示抗议，此举对蔡元培而言难免有些大不敬，但是蔡元培竟并未责备，反而对其道歉，并主动承担责任。此事看似虽小，但是从中折射出的一种宽以待人、严于律己的宽容精神。

静下心来想一想，我们就会发现，有时候刻薄的人恰恰是一面自我反思的镜子，可以从中看到自己的过失，进而能够体会到刻薄之人的愤恨。一旦我们这样想了，就会觉得遭人刻薄，错不在对方而在于自己，因为做得不够好，才会招人不满。这样看来，宽容刻薄之人其实就是在宽容自己。越是有人责备，就越是应该反省自己，越是面对刻薄的人就越是应该以宽容的态度面对。有则改之，无则加勉。

以惠我之心惠人，以责人之心责己

很多时候，我们总喜欢戴着有色眼镜看问题。对别人的缺点洞若观火，对别人的优点视而不见；对自己的短处百般掩饰，对自己的长处大肆渲染。对待别人的困境逃之夭夭，对待别人的恩泽总是嫌少；对待自己的困境怨天尤人，对待自己的福泽不愿予人。我们总是对别人小气，对自己大方。惠己不惠人，责人不责己。

“以惠我之心惠人，以责人之心责己”是一种严于律己的高境界，也只有达到这种境界才可以真正改正自己，提高自己，完善自己。所谓“惠人”就是凡事多站在别人的角度考虑问题，能够帮忙的绝不吝啬。所谓“责己”就是懂得反省自己的过错，承认自己的过失与不足。如果人人能够做到这两点，这个世界将不再有钩心斗角，相互倾轧，将会一片大同，相亲相爱。

蔡元培先生的一生就是“以惠我之心惠人，以责人之心责己”的真实写照。出于君子成人之美的惠人之心，蔡元培长期尽力提携有能之士。但凡有一技之长的人，蔡元培总会设法帮忙，使其有发展的机会。

一次，在火车上，有一位安徽青年将自己写的有关文字学著作送给蔡先生看。蔡元培看后觉很不错，是个难得人才。于是，他热情地为这位生计无着的青年写了一封推荐信，帮他在安徽大学找到了一份理想的工作，不仅使其脱离了困境，还有了一番作为。

同是曾经得到蔡元培先生帮助的青年许钦文激动地说：“凡有人向蔡先生请求帮忙，先生总是会为之尽心尽力，好好帮衬。在蔡先生的帮助下，有不少陷于困境的青年，多得救援。”事实的确如此，出任北大校长的蔡元培了解到许多有才华的青年因贫困，交不起学费，上不了北大。蔡先生特意为他们设立了旁听生制度，允许这些青年旁听大师们的教诲。

著名文学家曹靖华曾经是一位北大的旁听生，他曾感慨地说：“要是没有蔡先生的首倡，我们这班青年是无法进北大的，自然也就无法学习文化知识了。当时柔石、胡也频、李伟森等青年也是这里的旁听生。蔡先生创造条件鼓励青年学习文化知识，培养和扶植了一代青年，这个贡献是伟大的。”

蔡元培如此尽心尽力帮别人走出低谷，也使得很多有识之士愿意报效于他，留在北大从事教学工作。也正是因为如此，蔡元培才得以一手将北大发展壮大起来。

不仅如此，蔡元培还曾经为了支持学生运动而不惜离开南洋公学。当时的南洋公学虽是一所新式学堂，但学校里仍然存在新旧之争。校内有不少旧派教员不但思想僵化，而且在教学管理方面也是一套旧规矩，很不受进步学生的欢迎。当时有一个名叫郭镇瀛的人就是一个令学生极为不满的教员。

一天，有学生把墨水瓶放在郭镇瀛讲课的座位上，这位老先生上课发现后大发雷霆，还小题大做，指责学生此举是不敬师长，认定是离他座位最近的学生伍正钧所为。不仅如此，郭镇瀛还上报总办汪凤藻将伍开除，另外该班学生因为隐匿不告，都要记大过一次。学生自是不服，找到总办交涉。校总办听信郭的一面之词，甚至要将该班学生全体开除。校方的无理决定，最终引起全校学生的公愤。第二天，全校 200 余人集体前往总办处，要求校方收回成命，几经交涉，谈判毫无结果。无奈之下，学生决定前往校方上一级机关督办处以集体退学进行抗议。

退学事件发生后，身为教员的蔡元培一方面同情学生，另一方面又深感自责。为使退学的学生不致失学，蔡元培几经周转，积极联络中国教育会的几位负责人组织另一学校，接收退学学生。

古人云：“律己宜带秋风，处世须带春风。”意思是说，对待自己要像秋风一样严苛，对待他人要像春风一样温暖。秋风吹散泛黄的枯叶，春风却可以吹开一片新绿的世界。做人应当如此，有错就该认错、改错，他人有难应该尽力提供帮助，方不失为君子的修身处事之道。

胡适讲道路的选择

胡适(1891—1962)，原名嗣穈，学名洪骍，字希疆，笔名胡适，字适之，安徽绩溪人，近现代著名教育家、思想家、哲学家、红学家，民国中后期最重要的士林领袖。幼年就读于家乡私塾，19岁考取庚子赔款官费生，留学美国，师从著名哲学家约翰·杜威。1917年夏回国，受聘为北京大学教授，1918年加入《新青年》编辑部，大力提倡白话文。1946年任北京大学校长，1952年返台湾任中央研究院院长，1962年在台北病逝。

致毕业生的一封信

1932年夏，北京大学有一批学子要走出校门，面对着陌生的社会，这群象牙塔里的天之骄子既兴奋又有些彷徨，他们不知道该如何选择自己的前途，不知道路该走向何方。为此，有不少人求助于当时在北大师生中人望很高的胡适。

此时的胡适已经身为北大文学院院长，并兼任国文系主任。对于年轻人的求助，胡适向来是不吝赐教的。为了帮助毕业生认清未来，胡适特意写了一篇文章在北大公开发表，很多人就是从这篇文章中，看到了选择对于人生的重要性。文章内容如下：

这一两个星期里，各地的大学都有毕业的班次，有很多毕业生离开学校去开始他们的成人事业。学生的生活是一种享有特殊优待的生活，不妨幼稚一点，不妨吵吵闹闹，社会都能纵容他们，不肯严格地要他们负行为的责任。现在，他们要撑起自己的肩膀来挑他们自己的担子了。在这个困难最紧急的年头，他们的担子真不轻！我们祝他们的成功，同时也不忍不依据我们自己的经验，赠与他们几句送行的赠言，虽未必是救命毫毛，也许作个防身的锦囊罢！两个典故都出自通俗小说(《西游记》和《三国演义》)。

你们毕业之后，可走的路不出这几条：绝少数的人还可以在国内或国外的研究院继续作学术研究；少数的人可以寻着相当的职业；此外还有做官、办党、革命三条路；此外就是在家享福或者失业闲居了。第一条继续求学之路，我们可以不讨论。走其余几条路的人，都不能没有堕落的危险。人生的道路上满是陷阱，堕落的方式很多，总括起来，约有这两大类：

第一是容易抛弃学生时代的求知识的欲望。你们到了实际社会里，往往所用非所学，往往所学全无用处，往往可以完全用不着学问，而一样可以胡乱混饭吃，混官做。在这种环境里，即使向来抱有求知识学问的决心的人也不免心灰意懒，把求知的欲望渐渐冷淡下去。况且学问是要有相当的设备的：书籍、试验室、师友的切磋指导、闲暇的工夫，都不是一个平常要糊口养家的人所能容易办到的。没有做学问的环境，又谁能怪我们抛弃学问呢？此段讲社会往往不能给我们做学问的环境。

第二是容易抛弃学生时代的理想的人生追求。少年人初次与冷酷的社会接触，容易感觉理想与事实相去太远，容易发生悲观和失望。多年怀抱的人生理想，改造的热诚，奋斗的勇气，到此时候，好像全不是那么一回事。渺小的个人在那强烈的社会炉火里，往往经不起长时期的烤炼就熔化了，一点高尚的理想不久就幻灭了。抱着改造社会的梦想而来，往往是弃甲曳兵而走，或者做了恶势力的俘虏。你在那俘虏牢狱里，回想那少年气壮时代的种种理想主义，好像都成了自误误人的迷梦！从此以后，你就甘心放弃理想人生的追求，甘心做现成社会的顺民了。此段讲理想容易幻灭，人便甘心为现实奴役。

要防御这两方面的堕落，一面要保持我们求知识的欲望，一面要保持我们对于理想人生的追求。有什么好法子呢？依我个人的观察和经验，有三种防身的药方是值得一试的。

第一个方子只有一句话：总得时时寻一两个值得研究的问题！

问题是知识学问的老祖宗。古今来一切知识的产生与积聚，都是因为要解答问题，要解答实用上的困难或理论上的疑难。所以，梁漱溟先生自认是“问题中人”，而非“学术中人”。所谓“为知识而求知识”，其实也只是一种好奇心追求某种问题的解答，不过因为那种问题的性质不必是直接应用的，人们就觉得这是“无所为”的求知识了。我们出学校之后，离开了做学问的环境，如果没有一个两个值得解答的疑难问题在脑子里盘旋，就很难继续保持追求学问的热心。可惜当时青年人最大的问题是养家糊口，生存都是难题，遑论其他？可是，如果你有了一个真有趣的问题天天逗你去想他，天天引诱你去解决他，天天对你挑衅笑你无可奈何他。这时候，你就会同恋爱一个女子发了疯一样，坐也坐不下，睡也睡不安，没工夫也得偷出工夫去陪她；没钱也得撙衣节食去巴结她。没有书，你自会变卖家私去买书；没有仪器，你自会典押衣服去置办仪器；没有师友，你自会不远千里去寻师访友。你只要能时时有疑难问题来逼你用脑子，你自然会保持发展你对学问的兴趣，即使在最贫乏的智识环境中，你也会慢慢地聚起一个小图书馆来，或者设置起一所小试验室来。所以我说：第一要寻问题。脑子里没有问题之日，就是你的智识生活寿终正寝之时！古人说，“待文王而兴者，凡民也。若夫豪杰之士，虽无文王犹兴。”试想葛理略(Galileo)和牛敦(Newton)有多少藏书？有多少仪器？他们不过是有问题而已。有了问题而后，他们自会造出仪器来解答他们的问题。没有问题的人们关在图书馆里也不会用书，锁在试验室里也不会有什么发现。

第二个方子也只有一句话：总得多发展一点非职业的兴趣。

所从事的职业往往并不能满足个人的志向，如果这份职业既轻松又赚钱，那么胡适的建议倒也不错。但当时的情况是“毕业即失业”，职业尚无，哪里能有“非职业的兴趣”？离开学校之后，大家总得寻个吃饭的职业。可是你寻得的职业未必就是你所学的，或者未必是你所心喜的，或者是你所学而实在和你的性情不相近的。在这种状况之下，工作就往往成了苦工，就不感觉兴趣了。为糊口而作那种“非性之所近而力之所能勉”的工作，就很难保持求知的兴趣和生活的思想主义。最好的救济方法只有多多发展职业以外的正当兴趣与活动。

一个人应该有他的职业，又应该有他的非职业的玩意儿，可以叫做业余活动。凡一个人用他的闲暇来做的事业，都是他的业余活动。往往他的业余活动比他的职业还更重要，因为一个人的前程往往全靠他怎样用他的闲暇时间。他用他的闲暇来打麻将，他就成个赌徒；你用你的闲暇来做社会服务，你也许成个社会改革者；或者你用你的闲暇去研究历史，你也许成个史学家。你的闲暇往往定你的终身。英国十九世纪的两个哲人，弥儿(J.S.Mill)终身做东印度公司的秘书，然而他的业余工作使他在哲学上、经济学上、政治思想史上都占一个很高的位置；斯宾塞(Spencer)是一个测量工程师，然而他的业余工作使他成为前世纪晚期世界思想界的一个重镇。古来成大学问的人，几乎没有一个不是善用他的闲暇时间的。特别在这个组织不健全的中国社会，职业不容易适合我们性情，我们要想生活不苦痛或不堕落，只有多方发展业余的兴趣，使我们的精神有所寄托，使我们的剩余精力有所施展。有了这种心爱的玩意儿，你就做六个钟头的抹桌子工夫也不会感觉烦闷了，因为你知道，抹了六点钟的桌子之后，你可以回家去做你的化学研究，或画完你的大幅山水，或写你的小说戏曲，或继续你的历史考据，或做你的社会改革事业。你有了这种称心如意的活动，生活就不枯寂了，精神也就不会烦闷了。

第三个方子也只有一句话：你总得有一点信心。

我们生当这个不幸的时代，眼中所见，耳中所闻，无非是叫我们悲观失望的。特别是在这个年头毕业的你们，眼见自己的国家民族沉沦到这步田地，眼看世界只是强权的世界，望极天边好像看不见一线光明。在这个年头不发狂自杀，已算是万幸了，怎么还能够希望保持一点内心的镇定和理想的信任呢？我要对你们说：这时候正是我们要培养我们的信心的时候！只要我们有信心，我们还有救。古人说："信心(Faith)可以移山。"又说："只要功夫深，生铁磨成绣花针。"你不信吗？当拿破仑的军队征服普鲁士占据柏林的时候，有一位穷教授叫做菲希特(Fichte)今通译"费希特"，社科院哲学所梁志学先生译有《费希特选集》(已出至第五卷)的，天天在讲堂上劝他的国人要有信心，要信仰他们的民族是有世界的特殊使命的，是必定要复兴的。菲希特死的时候（1814），谁也不能预料德意志统一帝国何时可以实现。然而不满五十年，新的统一的德意志帝国居然实现了。

一个国家的强弱盛衰，都不是偶然的，都不能逃出因果的铁律的。我们今日所受的苦痛和耻辱，都只是过去种种恶因种下的恶果。我们要收将来的善果，必须努力种现在的新因。

一粒一粒的种，必有满仓满屋的收，这是我们今日应该有的信心。一分耕耘，一分收获，这是初涉人世的青年都有的想法，但现实往往是劳而无获，因此理想也就丧失，心灵也就麻木了。

我们要深信，今日的失败，都由于过去的不努力。我们要深信，今日的努力，必定有将来的大收成。

佛典里有一句话："福不唐捐。"唐捐就是白白地丢了。我们也应该说："功不唐捐！"没有一点努力是会白白地丢了的。在我们看不见想不到的时候，在我们看不见想不到的方向，你瞧！你下的种子早已生根发叶开花结果了！

你不信吗？法国被普鲁士打败之后，割了两省地，赔了五十万万佛郎的赔款。

这个例子无数次地被胡适用来证明“科学可以救国”，但是当时中国的现实是残酷的，连一张平静的书桌都放不下，哪里还能指望科学能救国！这时候有一位刻苦的科学家巴斯德（Pasteur)终日埋头在他的试验室里做他的化学试验和微菌学研究。他是一个最爱国的人，然而他深信只有科学可以救国。他用一生的精力证明了三个科学问题：(一)每一种发酵作用都是由于一种微菌的发展；(二)每一种传染病都是由于一种微菌在生物体中的发展；(三)传染病的微菌，在特殊的培养之下，可以减轻毒力，使它从病菌变成防病的药苗。这三个问题，在表面上似乎都和救国大事业没有多大的关系。然而从第一个问题的证明，巴斯德定出做醋酿酒的新法，使全国的酒醋业每年减除极大的损失。从第二个问题的证明，巴斯德教全国的蚕丝业怎样选种防病，教全国的畜牧农家怎样防止牛羊瘟疫，又教全世界的医学界怎样注重消毒以减除外科手术的死亡率。从第三个问题的证明，巴斯德发明了牲畜的脾热瘟的疗治药苗，每年替法国农家减除了二千万佛郎的大损失；又发明了疯狗咬毒的治疗法，救济了无数的生命。所以英国的科学家赫胥黎(Huxley)在皇家学会里称颂巴斯德的功绩道：“法国给了德国五十万万佛郎的赔款，巴斯德先生一个人研究科学的成绩足够还清这一笔赔款了。”

巴斯德对于科学有绝大的信心，所以他在国家蒙奇辱大难的时候，终不肯抛弃他的显微镜与试验室。他绝不想他的显微镜底下能偿还五十万万佛郎的赔款，然而在他看不见想不到的时候，他已收获了科学救国的奇迹了。

朋友们，在你最悲观最失望的时候，那正是你必须鼓起坚强的信心的时候。你要深信：天下没有白费的努力。成功不必在我，而功力必不唐捐。能够永远有这样的信心，自然也是好的。

选择往往比努力更重要

南开大学副教授熊培云曾经说过，“错过了胡适，中国错过了一百年!”对于现在的年轻人来说，错过了胡适，就意味着人生可能要多走很多弯路。你可以不读经、不读史、不学哲学，但你不能不读胡适。

胡适在人生道路的选择上比民国时期的很多人都要智慧得多，在他颇具争议的一生中，他按照自己的意愿，走着他要走的自由之路。

在人生路上，我们随时会遇到许多选择，我们除了不能自由选择生养我们的父母之外，其他的一切都可以由自己做出选择。选择读哪一个专业，选择从事哪一个行业，选择与谁步入婚姻的殿堂等，诸如此类的选择有很多。我们几乎时时刻刻都面临着选择，当然选择的重要性也是不必言说的。有时候，我们站在人生的关口，左右思量，最后却不知道该选什么好，甚至有时候还会一失足成千古恨，不小心在错误的选择中迷失了自我。

其实，做出什么样的选择远比做出多少努力要重要得多。同样的努力，花费在不同的道路上会有迥然不同的结果。当你选择了一条正确的道路之后，只要坚定地沿着这条路努力下去，无论期间遭遇怎样的诱惑，只要不动摇，那么你一定可以获得成功。但是，一旦你踏上了一条错误的道路，那么无论怎么努力，其方向终归是错的，甚至更多时候，越努力毁灭得越快。

虽然我们有时也会觉得别无选择，或许觉得眼前的这条道路不是自己想要的，这时，你应该知道，如果有太多的选择摆在面前反而更容易迷失。所以，如果只有一条路可以选择，那你就应该努力让这条路成为最适合自己的路，有时候这反倒是成功的最好方法。

蔡元培受命出任北京大学校长后，陈独秀被邀请到北大，任文科学长。胡适也在1917年7月学成归国时在陈独秀的推荐下，被蔡元培聘任为北大文学和哲学教授，负责讲授英国文学、英文修辞学和中国古代哲学三门课程。胡适觉得自己并不擅长哲学这一领域，所以想过拒绝，但是在蔡元培的一再劝说下还是答应了下来。

虽然从未讲过哲学，但胡适希望走出一条崭新的道路。于是，他开始按照自己的思路讲授中国古代哲学，完全抛开以前的课本，重编讲义，头一章便是“中国哲学结胎的时代”，他还用《诗经》做时代的说明，丢开普遍意义上的唐、虞、夏、商，直接从周宣王以后讲起。

胡适全新的授课方式，给那些充满着三皇五帝的一般人的头脑以沉重的打击。当年曾去听课的顾颉刚则说“骇得一堂中舌挢而不能下”，但却又都不以为然。幸亏当时班上没有太过激进的学生，所以才没闹出风潮，将胡适赶出讲堂。

顾颉刚在听过胡适的几堂课之后，认为胡适的课讲得不错，他突发奇想找来当时最敢放言高论的学生中的“无冕之王”傅斯年，要他也去听一听胡适的哲学课。傅斯年是学历史的，他听完课后也觉得不错，于是对那些“不以为然”的学生说：“这个人书虽然读得不多，但他走的这条路是对的，你们不能闹。”就这样，胡适在中国哲学史课走出了一条属于他自己的全新道路，不仅没有被那些思想保守的教师看笑话，相反，选修胡适课的学生越来越多，甚至还有一些外校学生乃至不少社会青年慕名前来旁听。

原来的教室坐不下了，他们就搬到大教室里上课，另辟蹊径的胡适也成了北大最受学生欢迎的教师之一。一年之后，胡适在博士论文的基础上增扩改写出《中国哲学史大纲》。全书分为12章，共10余万字，1919年2月由上海商务印书馆正式出版。该书出版后风行海内，不到3年就再版7次，其影响之大实属空前。从此，胡适不仅在北大站稳了脚跟，俨然成了中国学术界的“泰山北斗”。

人生路总会有许多岔道，不管我们愿不愿意，生活总会逼着我们做出选择，要么走这条路，要么走那条路。当初，胡适走上教授哲学的道路不是他一开始就想要走的，但是一旦选择之后，他还是欣然接受了。

正确的选择对于一个人来讲非常重要，而胡适在哲学上找到了一条很好的道路，他也因此而在哲学上开辟了一条崭新的，属于自己的道路。因此，当我们踏上一条道路的时候，就要用自己的双脚去丈量，只有这样，这条路才会真正属于自己。

不同的选择造就不一样的结果

人这一生中经常会迎来无数来自外部的打击，在这样的打击面前，不同的选择会产生不同的影响，而最终的选择权在自己手上。同样的困境，远见卓识的选择可以造就峰回路转的人生。

人生之路难免要遭遇挫折、痛苦。在挫折面前，如果我们选择退路，就如同在该承受破茧之痛的时候却因为胆怯而躲在茧里明哲保身，如此一来，将永远地失去了展翅飞翔的机会。

生活中，我们难免会迷失方向，甚至误入歧途。面对困难、挫折，我们不应该退缩，要直面困难，积极进取，战胜困难。

不同的选择造就不同的人生。选择风雨无阻的前行，还是选择半途而废，不同的人生态度会造就不同的结果。当我们做出选择时，特别是做出一些重大决定的时候，一定要慎重考虑，否则白白浪费了自己的努力不说，有时候还会在挣扎中越陷越深。所以，我们一旦认定自己的选择，认定自己不会后悔，不管周围人怎样质疑，都要毫不犹豫地走下去。

1958年4月10日上午，台湾“中央研究院”史语所考古馆楼上群贤毕至，大师云集。他们都是来参加胡适就任“中央研究院”院长就职典礼的。典礼举行完之后又召开了“中央研究院”第三次院士会议。蒋介石与陈诚特地赶来祝贺。

胡适以“中央研究院”新任院长的身份宣布院士会议开幕，并邀请蒋介石致辞。蒋介石因为事先没有准备讲稿，只好即兴讲话。蒋介石在致辞中感慨：“我对胡先生，不但佩服他的学问，他的道德品格我尤其佩服。不过只有一件事，我在这里愿意向胡先生一提，那就是关于提倡打倒孔家店。当我年轻之时，也曾十分相信，不过随着年纪增长，阅历增多，才知道孔家店不应该被打倒，因为里面确有不少很有价值的东西。”

当蒋介石讲完话后，胡适站起来说：“‘总统’，你错了。”胡适的话一出，在场的人无不瞠目结舌，脸色极为凝重，会场气氛骤然变得异常紧张。此时的胡适没有表现出任何异常，他温文尔雅地说：“承‘总统’对我如此称赞，我实在不敢当，在这里仍必须谢谢‘总统’。不过对于打倒孔家店一事，恐怕‘总统’是误会了我的意思。我所谓的打倒，是打倒孔家店的权威性、神秘性，世界任何的思想学说，凡是不允许人家怀疑的批评的，我都要打倒！”不仅如此，胡适还对蒋介石就“中央研究院”提出的任务表示不认可，他提出反驳，意在说明要怎样走“学术的路”，这是学术界自己的事，与政治领域的领导者无关。

胡适此举无疑是不给蒋介石面子。蒋介石听完胡适这番讲话后，怫然作色，当场站起来就要走。坐在旁边的陈诚反应及时，赶快将其拉住坐下，蒋介石才极为不满地参加完会议。

要知道，当时的蒋介石在台湾向来一言九鼎，别说当面顶撞，就是提一点小建议如果言辞稍有不慎都会引起“龙颜大怒”。然而，胡适不愿意做蒋介石的追捧者，他有自己的路要走，为了学术的自由与独立甚至与蒋介石公开叫板，这种精神和勇气实在值得钦佩。

蒋介石将此事视为此生的奇耻大辱，以致夜不成寐，从事发到第二天需服用安眠药才能入睡。由此可见，此事对蒋介石的刺激有多大，但是鉴于一些政治原因蒋介石没有对胡适进行明显的报复。胡适担任“中央研究院”院长长达三年多的任期内，蒋介石再也没有干涉过胡适的“学术之路”。

选择就是如此，有时需要承担一定的风险，但是胡适却从没有为此退缩过，也正是因为如此，他才在那个被蒋介石一手遮天的年代里独自开辟出一条自由的学术之路。

困难面前选择退路，是对困难的恐惧，是一种懦弱的表现。有抱负的人在面对困难，面对挫折的时候，总能拿出一种“铤而走险”的赴死决心，去走很多人都不敢走的道路，而往往这样的人更容易看到常人看不到的风景。

择其善者而从之，其不善者而改之

古人云：“见贤则思齐，见不贤而内自省也。”可见，古人就很看重“择其善者而从之，其不善者而改之”这一道德品行、做人准则。而在当今，我们同样也要见贤思齐，学习别人的闪光处，将其化为己用，为人生锦上添花。对于他人身上的不足之处，我们要学会反省自己，有则改之，无则加勉，只有这样灵魂才能因此而更加闪耀、纯净动人。

正如孔子所说：“三人行，则必有我师焉。”就算是再不济的人也会有他们各自的优点，哪怕没有，你也可以对照着他人的缺点，反省自己是不是也存在同样的问题。学海无涯，人的一生不仅仅是一个要在学术上丰富自己的过程，还是一个要在为人处事上在不停探索中前进的过程：或学习“威武不能屈”的精神，或学习“金戈铁马去”的慷慨志向，或学习“吾将上下而求索”的求知欲望，或学习“要留清白在人间”的高贵品格。总之，“他山之石，可以攻玉”，人“独学而无友”，只有不断吸取别人的长处来完善自身，才能够摆脱“孤陋而寡闻”的境地。

“金无足赤，人无完人”，别人如此，你也是这样，每一个人的灵魂中总有或多或少的污点，或自私或胆怯，或贪婪或迷茫，只有从别人的生活之路上借鉴一些精华，才能够承受得起生活的重量，达到处事不惊的境界。

胡适一生反对封建主义，宣传个性自由、民主和科学，在成为新文化运动中的重要人物的同时也遭到不少人的批评。尽管如此，他却从不为自己辩解什么，而是在批评声中自我完善。

胡适曾在美国留学 7 年，得到博士学位。这段经历让他对美国式的自由民主产生了近乎虔诚的信仰，然而当他将这套“真理”搬回祖国之后，却因此而成了民国时期最具争议的人物。在他对自由的追求中，生前早已是毁誉参半，死后也依然“功罪盖棺犹未定”。胡适最值得我们学习的是他对于这些无故的指责和咒骂，都沉默坦然。

研究近代史的耿云志先生评价说：“胡适这个人既具有中国忠恕的品格，儒家讲这个忠恕之道，又有西方的这种绅士的修养，他从来不恶语伤人，从二十年代开始，许多人不断地用各种非常激烈、恶毒的字眼来骂他，他从来不回骂。”

梅须逊雪三分白，雪却输梅一段香。胡适知道，人无完人，历史会验证什么才是最适合中国的。他要做的，就是让每一个民众思想自由，以便站出来争取自己想要的生活。

无论在什么方面，都应做到各取所需，取长补短。大到国家，小到个人。一个国家对待外来文化既不能一味排除，也不能照单全收，如果一味地想要排除异己，那等于是回到了“闭关锁国”的封建王朝。一个无法获得外来先进文化的国家，虽能够做到“自强”，但是在时代发展的潮流之下，是很难做到“不息”的。同样，一个人要想走得更远，就要虚心向他人学习，使自身各方面得到良好的发展，最终才能走向人生的顶峰。

放弃也是一种选择

有这样一副对联：得失失得，何必患得患失；舍得得舍，不妨不舍不得。人的一生是一个不断失去又不断获得的过程，人生容量都是有限度的，如果你不放弃一些东西，又怎能够腾出空间来接受新的东西？也许人生就是要在一个不断放弃的过程中才能得到更好的成长，所以，放弃也不失为人生的一种选择。

有些事情放弃了并不等于失去，放弃就像是一种迂回的前进。学会选择，更懂得放弃，是一条通往成功的必经之路。因为在明知此路不可行的时候，放弃反倒是明智的选择，正所谓峰回路转，只有放弃不可行的前路，转身踏上另外一条道路，才能够跨越眼前的绊脚石，登上新的高峰。

在瞬息万变的现实社会里，适时地放弃更能彰显出一个人平淡沉稳、从容自若的心态。现在很多人在选择面前显得太过浮躁、轻率，甚至意气用事，为争一时之快草率作决定，这样很容易形成无法挽回的悲剧。

坦然地放弃一些可有可无的东西，会令你的人生之路走得轻快，顺畅。放弃与选择是一个人的立实之本，成功与否，就看你能否在选择面前合理取舍。

一味强求只会使得身心疲惫不堪，这是很不划算的。再者，其实很多时候我们期望中的事物往往都是“只可远观而不可亵玩”的，一旦得到了，就像“叶公好龙”一样，反而会感到恐惧，后悔不已。又或者说随着时间的推移，你可能会发现其实它并不如想象中的那么好，不仅如此，还有可能直接降低了原有的生活质量。

当你为此而失去的和放弃的东西更加珍贵的时候，一定会懊恼不已。很多时候人是不能太过强求的，就像人们经常所说的那句话“得不到的永远是最好的”。所以，当你很喜欢一样东西时，如果得不到就果断放弃吧，不要为此感到遗憾或是悲伤，要相信，会有人最终能够得到它，并且比你更能照顾好它。

人生的意义不在于得到了多少，而在于得到了什么，只要得到了想要的，就没必要为失去的而垂头丧气。古时候，知识分子寒窗苦读是为了能够有朝一日金榜题名，踏上仕途。长期以来知识分子与权力之间的关系“剪不断，理还乱”，有的人极力追求，欲求不得，有的人设法逃离，摆脱不了。在专制社会，知识分子是权力的依附者；在民主社会，知识分子与当权者的关系更为混乱，有人为民请命，有人献身革命。

胡适的选择很特别，放弃了大展宏图的机会，为的是保留知识分子独立发表见解的权利。他宁愿“为国家做一个诤臣，为政府做一个诤友”，也不愿加入政府，与当权者同流合污。他一生承担着启蒙思想家的责任，从《新青年》《努力周报》到《独立评论》，办了一辈子杂志。

在一个官权至上的社会里，一再拒绝最高当局者的招揽是需要勇气的。要知道，早在 1933 年，汪精卫就曾邀请胡适出任教育部部长，被他拒绝。1947 年到 1948 年，蒋介石先是邀请胡适出任考试院院长，后来又邀请他参加总统竞选或出任行政院院长，胡适对此都一一婉拒。正是因为胡适放弃了对仕途的追寻，所以他才能踏上新文化运动的道路，并且能够得以较为深入地研究学术，著书立说。

人生是一个在放弃与得到这对矛盾中不断前行的过程，如果在这一过程中不愿放弃一些东西，是很难更好前行的。生命在于和谐，在于在得失之间平衡利弊，为了达到这个目的，我们必须在放弃和追求之间做出一个选择。

选择放弃是量力而行的睿智和远见，也是审时度势、扬长避短、把握时机的明智之举，是一个人胆识的表现。一个人只有放弃过，才能够拥有一份成熟，才会更加充实，才能笑看人生，拥有海阔天空的人生境界。

当断则断，不断自乱

最令人痛苦的事情莫过于“抽刀断水水更流，举杯消愁愁更愁”，明明想忘记、放弃一些事情，却总是狠不下心来，对自己不够狠，对别人也不够狠。在关键的时刻，对待关键的事情，总是优柔寡断、犹豫不决，总是不忍心拒绝别人。这样的人往往比果断的人平添不少烦恼，不能潇洒地走自己想走的路。

在这个竞争激烈的社会，优柔寡断是万万使不得的。特别是在一些难得的机会面前，一旦拿不定主意，很有可能就会被别人抢占先机。人之所以会优柔寡断，往往是因为怀疑自己的能力，从而受到负面情绪的影响，担心事后会后悔，或者是担心会因此而得罪别人。正是因为担心的东西太多，往往更难下定决心做一件事情。古话说得好：“自信人生二百年，会当击水三千里。”越是自信的人越不会怀疑自己的决定，哪怕因此而得罪一些好友，只要是对的事情，他们都会义无反顾地坚持到底。

没有越不过的海洋，也没有跨不过的鸿沟。凡是困难或是矛盾、误会，都会有解决的办法，摆在面前的困难是客观存在，只有正视它，才能克服它。如果因为害怕困难而不敢做决定，往往不做决定就是最大的错误。在困难面前失掉自信往往会失掉机会，机会面前人人平等，没有尝试又怎么能知道不会成功呢？

在该做决定的时候就应该果断地做决定，纠结的东西越多，绊脚石就会越多，一个不能心无旁骛去做一件事情的人是很难取得成功的。

很多时候，我们之所以迟迟不敢下定决心做一件事情，往往是因为这件事情有违人情。在中国，人们评价一个人的品质，往往常以此人是否肯帮忙作为第一标杆。如果这人乐于帮忙就觉得此人是无私的；相反，如果这个人不给面子，那么这个人就不值得深交。正因如此，很多人在面对别人无理的求助时总是进退两难，帮了有违道德甚至法纪，不帮又会得罪人，让人心生嫉恨，显得你太过冷血。在这方面，我们不妨学习一下胡适先生。

1929 年，胡适的族叔胡近仁在上海开了一家“程裕新茶号”，生意一直不景气。这时有人给他出主意：你的侄儿胡适博士名气那么大，何不好好利用一下，只要胡博士肯为你做点广告，还愁茶叶销不出去？胡近仁一听，觉得这个法子不错，于是将所卖的茶叶定名为“博士茶”，并拟好了一则广告寄给胡适过目。广告上说胡适早年服用此茶，“沉疴遂得痊愈”，还说“凡崇拜胡博士欲树帜于文学界，当自先饮博士茶为始”等语，希望侄子胡适为他的茶叶代言。然而，令胡近仁没有想到的是，侄子坚决拒绝了他的请求。

胡适之所以拒绝，并不是因为他自私，也不是因为他清高，是因为胡近仁的要求超出了他做人的底线。对于这个底线的解释，胡适在给胡近仁的回信中做了阐述。他说，首先，所谓“沉疴痊愈”是明显的虚假宣传；其次，广告“措辞甚俗气、小气”，“将来此纸必为人诟病”，到时再出来否认，无疑会对“裕新”更加不利；另外，所谓崇拜胡适需饮“博士茶”，喝了“博士茶”就可“树帜于文学界”的说法与“喝一斗墨水”无异，胡适实在不能苟同。最后劝族叔“广告只可说文人学者多饮茶，可助文思，已够了”。

胡适拒绝的态度是非常明确的，其实他也并非不愿意给族叔帮忙，这一点在他最后给族叔出的主意上就可以看得出来。胡适之所以拒绝，是因为他不能以损害他人、整个社会和个人的操守为代价去帮人。

很多时候，做一个决定并没有那么难，只要你认为正确，做就是了，哪怕会因此得罪人，或是遭遇困难，只要拿出勇气处理就行了。努力上路，总比不敢上路要好得多。

果断是人生的一张关键牌，你是否具备果断的素质，与你在人生之路上是否可以减少坎坷、获得成功密切相关。所以，做事不要瞻前顾后，否则将失去许多好机会。要知道，机会是给敢于上路的人准备的，如果决定要做一件事，就要将一切统统抛开，迈出果断的步伐。

决定的事情就立即去做

很多时候，我们下定决心做一件事情之后，总是喜欢往后拖，对此，每个人都有自己的理由。有的人是想在行动之前先享受一下最后的安逸，有的人总觉得自己还没有做好十足的准备，而另一部分人则认为还需要等待一个更好的机会。你可知道，当你停下脚步的时候，就会变得懒散，变得怀疑，从而错失最好的机会，最终导致行动失败。

这个场景恐怕很多人遇到过：下定决心要每天早上六点半起床出

去跑步。可是到了第二天当闹钟响了之后，你却因为赖床而不起床，并且对自己说："今天没睡好，从明天开始吧！"日复一日，晨跑计划最终被彻底抛在了脑后。

晨跑计划之所以会成为泡影，是因为当你听到闹铃的时候没有立刻行动，就在那一秒，当你行动的决心败给你的懒惰的时候，一切计划注定要泡汤。都说计划总赶不上变化快，其实更多的变化是来自内心，不是别人让你放弃了计划，而是你自己先投降了。

很多不肯立即行动的人都拿条件还不齐备当幌子，目的是让自己的懒惰名正言顺。如果所有的行动都如发射火箭一样，在发射之前所有的设备、程序等条件必须全部到位，而你要做的就是在一切准备就绪之后按下按钮，那么条件还不齐备这个理由的确是合理的。但是现实情况却是，在我们的许多行动中，要做的事情不仅仅是按按钮那么简单。如果你非要等到全部条件具备以后才付之于行动，那么你就很有可能会丧失最好的出发机会。

生活中，很多事情需要的条件是需要在行动的过程中一点一点凑齐，如果你迟迟不肯行动，那么你永远别想完成一件事情。

胡适进入北大刚刚站稳脚跟的时候，正处在新文化运动方兴未艾之际，尽管他在北大有很多事情要做，他却很快就成了新文化运动的中坚。胡适之所以能够在回国的短短几年间闯出一番成就，其原因就是他从没有停下过脚步。

在那段时间里，胡适可以说是马不停蹄地在做他决定下的事情。他在参与《新青年》的编辑工作、帮助和指导进步学生的同时，撰写和发表了大量文章，积极从事文学革命，个性自由的鼓吹，妇女解放的宣传，实验主义的介绍，封建礼教的批判以及整理国故、考证小说等工作。不仅如此，他还与以杜亚泉、梁漱溟、章士钊为代表的文化保守主义者围绕中西文化问题，尤其是中国未来文化的发展道路问题展

开激烈论战，主张“研究问题，输入学理，整理国故，再造文明”，以西方的民主与科学为价值系统重建中华民族新文化。另外，在百忙之中，他还创作出了现代中国第一部反对封建礼教、主张个性解放、婚姻自主的白话剧《终身大事》，随之又出版了中国新文学初期的第一部白话诗集《尝试集》；另外，其《红楼梦》考证，打破了从前种种穿凿附会的《红楼梦》谜学，将《红楼梦》研究引上了学术轨道，并成功掀起了一场新红学浪潮。胡适因此名声大噪，成了与陈独秀齐名的新文化运动领袖。

胡适可以说是一位多产学者，他兴趣广泛，著述颇丰，在文学、哲学、史学、考据学、教育学、伦理学、红学等诸多领域都有深入的研究。胡适之所以能够取得如此多的成绩，就在于他想到了就赶紧行动，从不将今天能做的事情拖到明天去做。

在决定的事情面前千万不要留退路，说什么“明天再做也是一样”、“时间还比较充裕”。这些借口只能拖垮你的成长，令你不能前行。

要明白，计划一旦定下就没有退路的道理，唯一的选择就是立即行动。什么都不要想，立即行动，只有这样才能让你没有时间去寻找拖延下去的借口，才能使你保持高昂的热情与斗志，进而提高办事效率。拖延只会消耗你的热情和斗志，就像兵书里讲的那样，作战要“一鼓作气”。

有人说，判断一个人成功与否，看看他走路的速度和力度就知道了。速度快、力度强的人是沉稳干练的人，这种人成功的概率比较大。对于这些人来讲，时间就是生命，时间就是效率，时间就是金钱，拖延一分钟，就会浪费一分钟，就会错失一个机会，积攒一份惰性。只有立即行动才能挤出比别人更多的时间，比别人提前抓住机遇，赶在别人的前头，率先尝到胜利的果实。

失之东隅，收之桑榆

在无可奈何的错失面前，中国人常常安慰自己，失之东隅，收之桑榆，或是塞翁失马，焉知非福。同样，外国人也会说，上帝是公平的，为你关上了一扇门，同时也为你开了一扇窗。

这些道理也并不全是安慰人的措辞，其实得失全在一念间。当你看到你所得到的东西时，就会觉得自己是大有收获的。当你斤斤计较自己因此而失去的东西时，就会觉得是得不偿失的，甚至一无所有。而这一切的评判标准在于你从哪一个角度进行评价。

这个世界上有很多身在福中不知福的人，也有很多遭遇不幸依然觉得很幸运的人。不知福的人觉得自己还有很多东西不曾拥有，觉得幸运的人知道自己得到了无数人的关爱与照顾。上帝在给每一个人不幸的同时，也会给予他另一方面的补偿。曾经有一个卧病在床的孩子说，他是一根被生命丢弃的蜡烛，被善良的人们点燃了，然后他就藏起了已经干涸的眼泪，开始在众人面前尽情燃烧自己。在懂得知足的人看来，正因为不幸，有所失去，所以生命才会显得无比宝贵，才会珍惜。

“失之东隅，收之桑榆”，正如一树美丽的繁花凋败之后，会收获满树的硕果。正如，太阳落下了，月亮还会升起。因为有所失，必有所得，这才符合能量守恒定律。

1922 年秋天，诗人徐志摩从英国剑桥留学归国，以一篇《徐志摩离婚通告》震惊了中国，造成了近代史上头一宗西式离婚事件，进而挑战了中国的封建婚姻制度。徐志摩在通告中写有这样一句：“我将在茫茫人海中寻访我唯一之灵魂伴侣。得之，我幸；不得，我命。”

徐志摩成功地离婚了，然后踏上了自由的寻爱之旅。也许徐志摩是幸运的，因为他做了他想做的一件事情。相比之下，胡适就显得“不幸”得多。

胡适与妻子江冬秀在知识层次上的差别颇大，一个是名闻天下的新学术领袖，一个却是大字不识几个的小脚太太，可以想象，两个人几乎没有什么共同语言，更不会有徐志摩经历过的那种浪漫的故事。尽管如此，胡适还是与江冬秀一起走到了最后。当然，在这期间，胡适也曾像徐志摩那样向江冬秀提出过离婚，但是因为江冬秀以杀死两个儿子为威胁，所以胡适便不敢再提离婚之事。

胡适安然度过了几十年沉闷的婚姻生活，虽然他曾遇到过太多才貌并举而又爱慕自己的女子，但是他始终未敢越雷池一步，发动家庭革命。

与胡适的隐忍不同，在徐志摩之后，喝过洋墨水或富贵显达者因喜新厌旧而发动家庭革命抛弃糟糠之妻的大有人在，在这场新潮中就包括鲁迅、郭沫若、郁达夫这些有成就的作家。与这些人不同的是，胡适能忍他人所不能忍，始终和江冬秀“恩爱”相处，他也因此在朋友中受到特别的敬重。而这也应该算得上是“失之东隅，收之桑榆”的一个体现，爱面子好名的胡适也颇为此感到自豪。

胡适与世长辞后，江冬秀悲恸欲绝。也正是这位夫人，悉心维持了胡适纪念馆和胡适墓园，更是促成了胡适手稿的刊印。从这个意义上说，胡适的婚姻当真可谓是“失之东隅，收之桑榆”了。最终，江冬秀与胡适长眠在胡适墓园里。

胡适在世时曾经说过这样的话：“一些女人把 love 放在生命中的第一位，我们男人，大丈夫是要做大事的，怎么能这样呢?”

也正因为胡适立志要成为做大事的大丈夫，所以他没有像徐志摩那样执着地寻求爱情。也正因如此，他才能够在江冬秀的照顾下安心地参与到新文化运动当中去。

胡适用他的一生向我们展现了一个“得之，水到渠成；失之，泰然自若”的人生哲学。

欢喜得不欢喜失，这是人之常情，但是有得有失才是现实的人生。只有正视人生的得失，才能在失去的路上依然坚定地前行，进而获得弥补的机会。

要正视得失，就要坦然面对。对于生活赐予的，要好好珍惜，不属于自己的，就不要自寻烦恼。得而可喜，喜而不狂；失而不忧，忧而不虑。只有这种态度，才能坦然地面对得与失，才能找到继续奋斗下去的勇气。

适合自己的才是最好的

无论爱情婚姻，还是事业人生，最好的不一定是最合适的，适合自己的才是最好的。

俗话说：“鞋子合适不合适，只有脚知道。”看着别人穿着七厘米的高跟鞋觉得性感又有气场，可是只有你穿上之后才能体会到，看上的美好并不一定真实，因为你每走一步都是一种自我折磨。由此可见，任何事情只有亲自尝试了，感同身受之后，才知道适合不适合自己，才知道那是不是最好的。

每个人的个性不同，爱好不同，喜好各异，评判事物的标准也会不尽相同。有时候可能是偏激的，有时候可能是不上档次的，但是，只有你想要的，才是真正需要的，对你来说也是最好的。

就像我们所说的，情人眼里出西施，萝卜青菜各有所爱，这就是每个人审美标准的不同所致。适合自己的会给自己带来快乐和幸福，不适合自己而强求的，只能给自己带来痛苦和失败。尤其是爱情，不要以为你不能拥有的就是最好的，总是惦记着看似美好的东西只会自

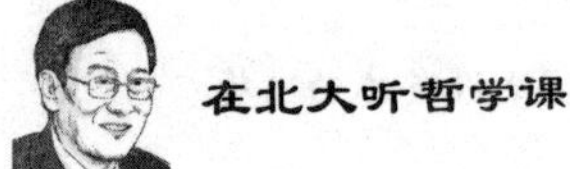

讨苦吃，只有适合自己的才是最踏实的，才是能够陪你走到最后的，而这也将是你最真实的生活和人生。

爱情也罢，生活也好，没有绝对的完美，我们一再追求的也无非是一种自然与协调的美，一种适合自己的生活。

要知道，同样一件衣服，穿在别人身上很漂亮，而穿在你身上可能并不那么合身；同样一种发型，放在别人的头上也许会显得高贵、妩媚，而移植到你的头上，也许会显得不伦不类。说到底，无非因为物物各异，事事不同，不适合罢了。正如莫泊桑所说："人生从来不像臆想中那么好，也不像臆想中那么坏。是的，这个世界上的万事万物没有绝对，只有相对。"

或许你的爱情在别人眼里，可能并不值得羡慕，甚至还有些不可思议，但只要你自己感觉幸福，那就是幸福的；自己感觉适合，那就是最好的。

在胡适的一生中，他的爱情之路毫不逊色于徐志摩的浪漫邂逅。除了结发妻子江冬秀之外，他还有好几个绯闻女友，在这些人当中并不乏大家闺秀、才女佳人，甚至还有金发碧眼的外国痴情女子，但胡适最终都没有和这些人中的一人走到一起，而是和江冬秀平平淡淡地走到了最后。蒋介石曾评价胡适："新文化中旧道德的楷模，旧伦理中新思想的师表"。

胡适与结发妻子江冬秀的婚姻是他的母亲一手包办的。胡适 13 岁时，随同父异母的哥哥到上海念书，临行前他的母亲为他订了婚，未婚妻是邻县旌德的望族江家的小脚千金江冬秀。胡适原本是不赞成这门婚事的，可是出于对母亲的尊敬，没有违背母命。当胡适获得哥伦比亚大学的哲学博士回国后不久，他就尊奉母命，在老家与比他大一岁的江冬秀举行了新式婚礼。

胡适对这场婚姻的态度，与后来他在国际关系和政治参与等行为准则上基本一致，那就是：理性、法治、井然有序，并且带有些许妥协。有人说胡适是软弱的，他完全可以离婚再娶的，无论选择哪个红颜知己相伴一生，总会比同一个乡下女人在一起生活要来得幸福。

对于这场在外人眼里看似不幸福的婚姻，胡适在一篇日记中提到过自己的感受，他说："世人都说婚姻让我受了很大的委屈，但他们不知道这个婚姻给我带来了极大的益处，它得到了社会各个方面的认可。"在胡适看来，他的婚姻如何处理最有利于从事社会活动和传播他的思想主张，他就如何处理。后来，胡适尽管有过很多女朋友，但他无一不是遵从这个基本模式，那就是从不在别人身上投注太多情感。一旦发现有女子纠缠时，他就马上抽身放弃。可见，胡适在情感上是很内敛、保守的。傅斯年曾对胡适说："我们这些新派表面上西化，生活上却还是很传统的。"的确，胡适就是一个典型。

尽管胡适是学成归国的洋博士，但是对于他与乡下女子江冬秀的婚姻，并没有表现出太过偏激。爱情本来就不是一件只追求浪漫的东西，最重要是适合自己，能够安稳而平淡地相守一生，没有多少才学的乡下妻子江冬秀无疑是最能够陪胡适一直走下去的那个人。

很多人在爱情上好高骛远，为了奢求更好的对象，不惜抛弃结发妻子，到最后他们才发现，那些表面美好的女人只能共浪漫，而不能共患难。等到后悔的时候，曾经弃之如敝屣的女人已经被别人捧在心上。所以，还是好好珍惜最适合你的吧，不要一味强求那些看似最美好的人和事，因为合适的对你来说才是最好的。

第三堂

季羡林讲人生的境遇

季羡林(1911—2009)，山东临清人，字希逋，又字齐奘，国际著名东方学大师、语言学家、文学家、国学家、佛学家、史学家、教育家和社会活动家。幼年就读于山东省立第一师范附设小学、济南新育小学，1930 年考入清华大学，1934 年，清华大学毕业后应母校济南高中校长宋还吾先生的邀请，回母校任国文教员。1935 年，报名应考清华大学哥廷根大学交换研究生，9 月赴德国学习，主修印度学。1946 年回国后受聘为北京大学教授兼东方语言文学系主任，历任中国科学院哲学社会科学部委员、聊城大学名誉校长、北京大学副校长、中国社会科学院南亚研究所所长，是北京大学的终身教授。季羡林精通英文、德文、梵文、巴利文，能阅读俄文、法文，尤其精通于吐火罗文，是世界上仅有的几位精于此语言的学者之一，被誉为“大师中的大师”。

困境是人生的特殊滋味

人的一生中，再怎么小心前行也难免会跌入不尽如人意的困境中，正所谓“人生不如意之事十之八九”，困境是每个人必定会遭遇到的人生境遇。然而，在困境中，有人灰心了，沮丧了，消沉了，从此一蹶不振，徘徊在低谷，满怀抱憾，在穷困潦倒中度过一生；而有人则在困境中抬头仰望星空，百折不挠，最终从困境中站起身来，绽放灿烂的人生。

由此可见，能否超越困境，往往在于面对困境时的心态。正如诗人雪莱所说的：“冬天来了，春天还会远吗？”很多人面对困境时总以为一辈子就这么完了，再也不会有出人头地的机会了，承受不住，选择逃避，自我放弃，甚至有人会采取激烈的方式殊死抵抗，但最终难免会为自己带来遗憾。

其实，在有限的人生中，哪怕站在困境面前我们依然拥有无限的可能性。困境对于我们来说是一种历练，它会使我们从中得到磨炼，经历逆境的滋味，提高心理承受能力，从而令我们的人生更能经得起考验。

面对挫折或失败，穷困是很正常的事情，手足无措也是很正常的事，但是最重要的是我们不能因此而潦倒。任何一个有所作为的人或多或少都失望过，只是不同的是有些人总能较快地摆脱失望情绪，不为眼前的困境所羁绊，依然能够爬起来继续前行。

其实困境对我们来说也并非是坏事，人往往在困境中才会反省自己的过失，也能够借此看清真实的自己，从而更好地看清身边的人和事。基于此，我们更应该摆脱失望的情绪，增强对挫折的耐受力，要知道只有经历过失败的人才称得上真正的成功。

我们应该辩证地看待困境，将失败看成胜利的垫脚石，把挫折看成生活常事，只有这样才能重拾信心，彻底摆脱失望消极的情绪，重新启程踏上人生的旅途。

作为北京大学终身教授的季羡林老先生之所以为人敬仰，不仅仅因为他的学识，更多的是因为他的品格。他说：“即使在最困难的时候，也没有丢掉自己的良知。”“文革”期间，他都没有放弃对文化的追求。在当时，人人自危的环境下，季羡林不仅偷偷地翻译印度史诗《罗摩衍那》，还写成了《牛棚杂忆》一书，书中凝结了很多关于人性的思考。季羡林的书，不仅是老先生一生的写照，也是近百年来中国知识分子的心路历程。

“文革”期间，季老的境遇可以说是很悲戚的，他先被安排去蹲牛棚，后来他又到北大女生宿舍当守门人。在传达室当门房的期间，他除了收发信件报纸外，一有时间就会翻译外国作品。因为害怕被红卫兵发现，他就偷偷地在家里把原文抄在小纸条上，带去传达室，趁没人的时候拿出小纸条，躲在角落里逐字逐句翻译。他回忆起那段日子时，自我解嘲道，严复翻译“一名之力，旬月踟蹰”，而他是“一脚(韵脚)之找，失神落魄”。“文革”结束后，这篇长得惊人的巨著翻译才完成了前三篇。

《罗摩衍那》全篇达八万行，是古印度悲欢离合的爱情史诗，对东亚文化有着深远的影响，在《西游记》中可以找到它的影子，时至今日，泰国的很多寺庙里，都绘有罗摩王子故事的系列精美壁画。

“文革”的那段日子，诗书可以说是季老的另一种生活滋味。尽管日子很苦，可是他依然在困境中找寻幸福，也正因如此，他才没有放下笔，依然孜孜不倦地一个人做着翻译工作。而他平生最艰巨的两部书，长达80万字的《蔗糖史》和长达数十万字的吐火罗文A方言(焉耆文)的《弥勒会见记剧本》的译释，都是他在耄耋之年完成的。写《蔗糖史》耗费了季老长达两年时间，在那段日子里，已经八十多岁的季老每天都要跑一趟图书馆，风雨无阻。他说：“只要有一口气就得干活。”

是的，只要有一口气就要坚持下去，一个年过八旬的老人都能做到如此，又何况是我们这些年轻人呢？西方有句谚语：“泰然自若是应付困境的最好方法。”

其实，人在身处困境时，适应环境的能力是惊人的，这也是我们常说的潜力。只要我们能够战胜自己，怀揣必胜的信念，就不会被困境束缚住，最终登上人生的巅峰。

珍惜人生的每一种滋味

几番春秋，更替轮转。时间如此，人生的境遇又何尝不是如此。青春易失，在人的一生当中无论功名还是利禄，富贵还是贫困，在生命的尽头都只不过是过眼云烟，空空而已。

人只有在蓦然回首时才会意识到自己在很久之前失去过什么，而往往在终于意识到的那一刻，一切都已经无法挽回了。生活平淡的人极力追求轰轰烈烈的人生，在大起大落中沉浮的人们又希望日子平静如水。

人们总是不肯珍惜身在幸福中的那一番滋味，总以为幸福还没有得到，所以奔波劳碌，苦苦追寻遥不可及的东西。殊不知，奔波只是徒劳，珍惜眼下才是幸福人生的真谛所在。

岁月本就沧桑，生命更是难测。你所期望的，未来的路，是曲折还是平坦？是沼泽还是山坡？永远都是一种难解的谜。与其去猜想，去烦忧，倒不如先将今天的事情做好。活在今天的我们不必去为明天而忧虑，愁绪只会让红颜过早苍老，开心才是生活的最佳选择。

无论你的人生是一番坎坎坷坷的风雨之行，还是一条曲曲折折的红尘之路，强求或是挣扎都于事无补，因为这些都是你的人生必须历经的。就像在彩虹出现之前一定会有一番电闪雷鸣一样，人生也不是一杯没有任何滋味的白开水。如果人生都是阳光灿烂，没有风雨，你也一定会觉得无聊，觉得生命失去了意义。

只有经历过无数的失败，才懂得成功的艰辛，也只有在磨难中苦苦煎熬过的人们，才会比别人更能够体会到人生路上的每一种滋味。平淡的日子是杯凉白开，悲伤的日子是一杯黑咖啡，为梦想奋斗的日子是充满青春活力的汽水，安享天伦的日子则是一杯养生的绿茶。人这一生，只有将酸甜苦辣尝尽了才不枉在世界上走一遭。

也许，你会羡慕季羡林的一生，学成归国，著作无数，但是他却不觉得自己的人生有多精彩，反倒觉得再平淡不过了，他在其文章中写道："在生活方面，我是一个枯燥无味的人，所有玩的东西，我几乎全不会，也几乎全无兴趣。我自己对我这种个性也并不满意。我常常把自己比作一盆植物，只有枝干而没有绿叶，更谈不到有什么花。"

季羡林对自己人生的评价就是"书呆子"的一生。的确，他的一生都与书为伍，品尝着文学的滋味，闻着书香度过了颇具才气的一生。

在《学海泛槎——季羡林自述》中，季老提到了他在德国哥廷根生活时的场景。他说:“哥廷根是一个小城，除了一个剧院和几个电影院外，任何消遣的地方都没有。我又是一介书生，没有钱，其实也是没有时间冬夏两季到高山和海滨去旅游，我所有的是时间和书籍。学校从来不开什么会，有一些学生偶尔举行晚会跳舞，我去了以后，也只能枯坐一旁，呆若木鸡。这里中国学生也极少，有一段时间，全城只有我一个中国人。这种孤独寂静的环境，正好给了我空前绝后的读书机会。我在国内不是没有读过书，但是从广度和深度两个方面，什么时候也比不上在哥廷根。”

由此可以看出，季羡林在德国长达十年的时间里，没有像人们想象的那样四处游山玩水，也许这在你听来会显得极为枯燥，但是这就是季老选择的生活模式。季老之所以没有四处旅游，除了没有钱之外，更重要的是没有时间，或者说，他还有比旅游更能够让他感兴趣的事。

在季羡林看来，与书为伍未尝不是一种好的生活方式，独自一人畅游于书海，得到的享受远甚于去高山海滨旅游。另外，就很多人看来，像研究印度古代语言、宗教、碑铭等，都是极其枯燥乏味的事情，整天忙于这类事情生活岂不是失去了滋味？季老不这么认为，他对这些看似枯燥的领域情有独钟，并且乐此不疲。

这就是季老对人生的独特癖好，也正是因为他将所有的精力放在了各国文学著作上，所以无论他身处异乡不能归国，还是在“文革”时期忍辱求生，都活得淡然。可以说，季老的一生经历了那个年代里很多人都会经历的大起大落，尽管如此依然以他最坦率、真诚的态度迎接各种境遇。大喜，不狂欢；大悲，不哀泣。以最平淡的心态迎接人生中的每一场风雨，品味人生中的每一种滋味。

生活之路并不是尽由自己主宰，很多时候我们难免无能为力，或是错过什么，或是遭遇什么，谁都逃避不了命运的安排。站在此种境遇下，与其望天长叹，倒不如泰然处之，将其当成人生必经路上的风景来欣赏。

尽人事再听天命

“尽人事，听天命”，这句话听起来似乎有点消极，却也是很有道理的至理名言。面对“谋事在人，成事在天”的无常天道，我们唯有付出最大的努力，然后期待上天的眷顾。

生活中，经常会见到一些人为了一些事，千般盘算，万般设计，眼看着就要唾手可得，功德圆满了，却不料半路杀出个程咬金，一个意想不到的小意外或小插曲，导致所有的盘算前功尽弃。面对这种晴天霹雳，我们也只有安慰自己，为之努力过就好了，结果是上天给的，过程却是自己争取来的。

正所谓“人算不如天算”，一个人一生的得失成败，冥冥中总是逃脱不了“天意”的安排，所谓的“人定胜天”是说给在路上奋斗的人听的，而不是什么屡试不爽的人生哲学。无论你是安于命运的安排，还是奋起向命运抗争，不服输是一回事，敢于接受眼前的事实又是另外一回事。要同命运抗争，知其可为而为之是聪明的，但是知其不可为而为之却是偏执妄为的愚蠢行为。自古至今背天道而行的人不计其数，他们无不落得个尸骨成山、遗恨千古的下场。

当然，这也并不是说我们必须向命运低头，在意外面前自暴自弃，听天由命。“尽人事，听天命”，其实包含了两方面的人生哲学，一方面要尽最大的努力去争取去奋斗，另一方面又要安守天命，不强求，不妄为，顺其自然，顺势而为。如果你努力拼搏了，结果仍然不尽如人意，那就要如庄子所言“依天从命，因顺自然”，理智地接受事实，承认现实，而不是逃避现实，从此一蹶不振。

季羡林曾经说过："信缘分与不信缘分，对人的心情影响是不一样的。信者，胜可以做到不骄，败可以做到不馁，决不至胜则忘乎所以，败则怨天尤人。中国古话说：'尽人事而听天命。'首先必须'尽人事'，否则馅饼决不会自己从天上落到你嘴里来。但又必须'听天命'。人世间，波谲云诡，因果错综。只有能做到尽人事而听天命，一个人才能永远保持心情的平衡。"

季老说的这种心情平衡就是"败不馁，胜不骄"的人生哲学，只有做到宠辱不惊，去留无意，人生才能够在平淡的心态下一路向前。季老 1998 年在《新民晚报》上发表了一篇名叫"缘分与命运"的散文，这篇文章讲述了一个小故事：

"北京西山深处有一座辽代古庙，名叫'大觉寺'。此地有崇山峻岭，茂林流泉，有三百年的玉兰树，二百年的藤萝花，是一个绝妙的地方。在二十年前，我骑自行车去过一次。当时古寺虽已破败，但仍给我留下了深刻的印象，至今依然难忘。去年春末，北大中文系的毕业生欧阳旭邀我们到大觉寺去剪彩。原来他下海成了颇有基础的企业家。他毕竟是书生出身，念念不忘为文化做贡献。他在大觉寺里创办了一个明慧茶院，以弘扬中国的茶文化。我大喜过望，准时到了大觉寺。此时的大觉寺已完全焕然一新，雕梁画栋，金碧辉煌，玉兰已开过而紫藤尚开，品茗观茶道表演，心旷神怡，浑然欲忘我矣。

"将近一年以来，我脑海中始终有一个疑团：这个英年歧嶷的小伙子怎么会到深山里来搞这么一个茶院呢？前几天，欧阳旭又邀我们到大觉寺去吃饭。坐在汽车上，我不禁向他提出了我的问题。他莞尔一笑，轻声说：'缘分！'原来在这之前他携伙伴郊游，黄昏迷路，撞到大觉寺里来。爱此地之清幽，便租了下来，加以装修，创办了明慧茶院。"

这个真实的小故事不禁让季老感慨于冥冥之中注定的缘分，正如人们常说的“命里有时终须有，命里无时莫强求”。人这一生没有必要对成功或是出人头地太过执着，做了自己该做的事情，剩下的一切交给命运就是了，关键是做你想做的才是最重要的。

现在有太多人大谈富豪、明星的成功案例，却很少有人谈人生哲学。其实成功并不是人生的终极目的，自己才是人生的主角。就拿那个励志代表新东方总裁俞敏洪来说，说到底他当年也只不过就是一个漂在北京做着出国梦的落拓年轻人，但正因为留学梦碎，才缔造了今日睥睨世界的新东方帝国。

人生充满戏剧性，我们无论能做什么，不能做什么，付出之后能够得到等价的收获，这一切只不过是机缘巧合，也是宿命所在。与其强求或是羡慕，不如乐天知命，通达乐观，无忧无虑，无烦无恼，这才是最得意的人生。

像水一样柔，也像水一样强大

道家认为，天下柔者莫过于水，而能攻坚者又莫胜于水。水看似其柔无比，但却拥有着与其身份极为不符的强大力量。水之所以能够摧毁坚固强大的物体，是因为水懂得以柔克刚的道理。

水以柔克刚，能滴水穿石，能劈山凿河。没有任何硬度可言的水凭着以柔克刚这一点，做出了许多人类徒手做不到的事情。所以，很多时候我们应该像水一样柔中带刚，在该忍让的时候忍得住，在该坚强的时候坚不可摧。

老子的《道德经》里有这样一句话：“上善若水，水善利万物而不争，处众人之所恶，故几于道。居善地，心善渊，与善仁，言善信，政善治，事善能，动善时，夫唯不争，故无尤。”这句话向我们说明了水是人世间最柔的，但也正是因为柔，所以水又是最强大的。水是

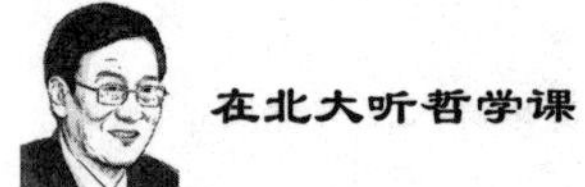

人世间最无争的，但也因为它与世无争，所以水又是不可战胜的。

老子的这段话形象地说出了水的特征，同时也说出了很多懂得在人生境遇里至柔至刚如水的豁达之人的特性。在人生跌宕起伏的境遇中，应该有水的这种特性，不强求，亦不妥协，用像水一样强大的内劲来应对世间的纷纷扰扰。

人生在世，难免会遇到各种各样的挫折，就像蜿蜒曲折的河流一样，人生也是如此，有上坡就会有下坡。遇到挫折的时候，我们应该像水一样柔而不弱，随遇而安，在怎样的境遇里做怎样的自己。这样既可使自己的心灵免于受伤，又能够在下坡的时候积蓄力量，当上坡的机会来临时方可再度前行。

一个人是否强大，不在于他取得了多大的成就，而在于他能够承担得起多大的命运玩笑，要看他的内心是否足够坚韧。只有内心真正坚韧的人，才能在人生低谷中有着绝对的自信，在面对困难的时候，才能够拿出从容不迫的勇气，应对自如。当我们步入困境的时候，内心坚韧的人总能泰然处之，韬光养晦，在低谷中寻找机会战胜困境。

像水一样的人，在遇到险阻时，懂得能绕则绕，绕不过去则积聚力量冲破阻拦；无法冲破阻拦时，水还懂得化成气体逃脱别人的掌控；逃脱不了的则会随遇而安，在原地静静地待上一万年，在这期间滋养着方圆百里的土地和人们。不仅如此，水还能遇冷抱团成钢，遇热静悄悄分批撤离。这就是水的智慧，强大时可以无视一切，弱小时不急不躁守候下去。这是水的生存方式，也该是人的处世之道。我们应该拥有一个像水一样的生活心态，像水一样做一个睿智而强大的人，任何时候都不伤人，不伤己，进退自如，攻守有道。

季羡林先生有一次在解放军总医院住院，一住就是 4 年，这是入院时谁都没有想到的。但是季老先生并没有因为整日被关在医院里而自怨自艾，反而说自己早已达到“悲欢离合总无情”的境界。

在那枯燥的4年时间里，季老不仅泰然处之，还很快在医院里建立起了新的大家庭。上至医生、护士下到清洁工，再到其他病友及其家属，季老与他们的关系亲密无间。季先生被他们称为“爷爷”或“老爷子”，护士们送给他毛绒猫咪，小保安也给他送来几个柿子。半夜有尿了，季老总是把两次、三次憋成一次，宁愿自己睡不好也不想叫醒护士，他说：“他们白天也很疲劳了，晚上不忍再让他们起来。”

季羡林先生就是这样一个像水一样乐天知命的人。

有一天，一位护士跟季老说起他的著作《留德十年》，说自己很爱看。季老马上把秘书找来，吩咐去买，并说：“书是给人看的，哪怕有几句话对年轻人有用了，也值得。”如此一来，全医院的人都来伸手索要签名本。季先生大方地说：“都给。”“买去。”并且发话说：“钱是有价之宝，人家有受益是无价之宝。”结果来来回回一共买了600本，季老一笔一画地签了600本。

季老一生培养了几千名弟子，其中不乏一些各国驻外大使。尽管季老是誉满国内外的学术大师，却没有半点架子，也因此而受到人们的普遍敬仰。在北大校园教书时，季老总是穿一身洗得发白的卡其中山装，圆口布鞋，出门时提着一个人造革旧书包，身上没有一点教授的尊贵样子。他平常说话总是面带笑容，声音低沉，平易近人。他的家谁都可以推门而入，跟他聊天，就像跟老友聊天一样，不会有任何紧张的局促感。

季老就是这样一个润物细无声的和善老者，耐得住“文革”的打击，也耐得住病房的寂寞。人生在世难免会遇到一些不尽如人意的事情，这时候我们就应该像季老那样，如水般时刻保持内心的强大，温和对待身边的人，以处变不惊、静观事态发展的态度走好自己的人生之路。

遗憾未必不是一种幸福

许多事情总是想象中的比现实更美、更幸福，相逢如是，离别亦如是。当现实在你的面前不按常理出牌时，难免会出现与心愿不统一的结局。这时候，你难免会被遗憾感包围。当你为你的人生所经过的遗憾叹息不已时，不妨换个角度想想，也许会发现，有时候遗憾未必不是一种幸福。

生活从我们身边走过，总喜欢从我们身边带走一些东西来留念，可就是因为我们失去了一些东西，所以才会更珍惜我们还没有失去的，从而滋生出满足的幸福感。有过遗憾的人，必定是感觉到切肤之痛的人，这样的人都是曾付出过真心的，能够与自己喜欢的人或物相遇本就是一种幸福，拥不拥有，不必太强求。

其实，许多事情从开始到结束，不管最终是否能够在一起，只要在过程中有过让自己心灵震动的感觉就是一种富有，就是一个温暖的感情矿藏，是生命中最厚重的拥有。没有谁会永远拥有什么，失去之后所有拥有的东西都只能够被称为曾经拥有过，所以，何必强求一定要陪到最后，曾经在生命中一起走过一段路就已经足够了。毕竟你们曾经交换过彼此的快乐和寂寞，能够做到这些就无须再为之难过，人总得去面对醒来的一切，离开了，才能够证明你们一起走完了你们能够相守的那一段路程。

面对离别或失去，有时候，你会幻想时光可以重来一次，觉得那样的话你可以重新选择一切。当你再一次面对相同的事情时，一定不会重蹈覆辙，不会再失去任何东西。可是，你有没有想过，如果一生没有经历过遗憾，那你又怎么会懂得珍惜？又怎么会知道曾经的自己很幸福？又怎么会重整旗鼓珍惜此刻拥有的幸福？如果不是遗憾，很多事情在我们的心里就不会那么刻骨铭心，更不会令我们拥有一生都无法忘怀的东西，更不会借遗憾充实我们的人生。

季羡林在德国留学期间，曾经与房东邻居迈耶家的大女儿伊姆加德相恋过，但是最后他还是选择结束那段恋情，回到祖国。

1935 年，季羡林到哥廷根大学留学时，租住的房子和迈耶家在同一条街上。邻居家的女儿伊姆加德是个身材高挑、面容白皙的美丽姑娘。季羡林要写博士论文，可是论文在交给教授之前必须打印成稿，这可难住了季羡林，因为他不仅不会打字，就连打字机也买不起。这时伊姆加德小姐很热心地跑过来跟他说："我父亲的工厂刚好淘汰了一部打印机，而我正好想练习打字。"

从那以后，季羡林经常抱着一堆书稿前往迈耶家寻求伊姆加德小姐的帮助。季羡林的论文稿几经修改后杂乱无章，内容还是复杂枯燥的梵文，这对于伊姆加德来说简直就是天书。尽管如此，她还是带着温暖而恬静的微笑帮季羡林打印"天书"。此后的 4 年里，伊姆加德帮助季羡林完成了数百万字的论文。可以说伊姆加德小姐将她最美好的青春光阴献给了这个博学睿智的中国男子，而她敲击键盘的手指，也一一抚摸过那些后来让中国和世界都为之惊叹的文字。

书稿完成后，两个年轻人心中的爱情火花几近点燃，而就在此时，季羡林突然告诉伊姆加德小姐说："我要离开了，我的祖国需要我……"当女孩挽留他时，季羡林的心里充满了矛盾与痛苦。他在想：我终究还是要回到中国的，如果抛弃祖国留在哥廷根，他当然可以和伊姆加德相守白头。但是，成全异国之恋就意味着他必须"抛弃"祖国和家乡的妻子儿女，而这有违季羡林当初留学时的初衷。季羡林留学的目的是学有所成之后，报效祖国。季羡林最后还是放弃了他的爱情，怀揣着遗憾回到了祖国。此后，伊姆加德再也没有得到过任何有关季羡林的消息，但这个固执而坚韧的女人，依然执着地等待并终身

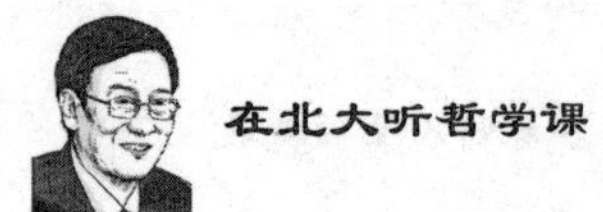

未婚。她用一生的时间伴着一台老式打字机，一等就是 60 年。

这是一段催人泪下的凄美爱情，季羡林对此是心存遗憾的，尽管如此，他还是没有放弃回国的念头。多年后，季老在接受记者访谈时谈到他对出国见世面、学本领的看法时说：“我现在赞成年轻人还是出国，可是我最反对出去不回来，我最厌恶出去不回来。”

在爱情面前，季老的心中难免会有一丝遗憾，但是在祖国面前，他最终收获了回归故里的幸福，而那段爱情，也因为凄凉而变得美好。

无论爱情还是人生，遗憾总是在所难免的，在我们为之抱怨的同时，其实遗憾也给了我们美好的回忆，带给了我们对生命更多、更深刻的感悟。遗憾是一种破碎而感人的美，正因为有了它，生命中的真善美才显得弥足珍贵，也正是因为有了它，我们才拥有了值得回味、想念的幸福。

岂能尽如人意，但求无愧我心

我们这一生中总是会不断地追求很多东西，在这个过程中，所追求的事情难免会不尽如人意，当我们付出了大量的努力，还是没有任何成效的时候，必然会心生沮丧和愤懑。其实大可不必，我们的愿望太多太多，如果每一个都尽如心意，那我们又何须去追求呢？只需静坐在那里等候幸运来袭就可以了。如果事事当真可以如此，那人生就彻底失去了意义。

我们所追求的事物之所以宝贵，是因为达成所愿的人少之又少，即使是有人实现了，在这个过程中也一定会经历不少的挫折和坎坷，如果他们也像我们一样，在每次失败之后都感到不满、沮丧，那么他们最终也不可能完成所追求的目标。

很多东西之所以弥足珍贵，就是因为获取的过程充满艰辛，所以珍贵的不是这件东西，而是得到的过程。如果从这一角度出发思考，只要我们有了追求的目标，该斗争的斗争了，该拼搏的拼搏了，即使最终没有实现，那么也可以问心无愧了，因为我们已经享受到为之奋斗的过程，结果只是一个证书，而你即使没有这张证书，还是拥有了宝贵的奋斗历程。

人生在世不可能事事如意，最重要的是做自己要做的和应该做的事，这样的人生才不算虚度。尽管我们不能让人生尽善尽美，也不能避免人生中的些许遗憾，但是只要我们努力过，就够了。

人的一生是否有意义，不在于所期望的愿景有没有达成，而在于有没有为目标和理想奋斗过，有没有在挫折面前百折不挠。只要我们曾经不遗余力地争取过，只要我们能够在失败中重新站起来，那么我们的人生就是有意义的，因为我们对得起自己，做到了我们所能够做到的，问心无愧。

生活永远都不会像我们想象的那样完美，不必去苛责自己或是别人一定要怎样怎样，人生最重要的意义在于对得起自己的心，无论失败还是遭受质疑，只要按照心里的要求和想法去做了，任何人都不能否定你内心的满足。“宠辱不惊，看庭前花开花落；去留无意，望天空云卷云舒”是人生的最高境界，只有坦然面对成败荣辱，方能看开悲伤离别，达观进取后退，笑看人生百态。

季羡林先生在外留学十年，回国后又常年工作在外，回乡的次数少之又少，更别说是留在父母身边尽孝了。

从 1917 年离开临清到 2001 年最后一次回到家乡，季羡林先生共回乡九次。他第一次回乡时还是一个不到十岁的孩子。1925 年，季羡林第二次回到家乡看望病重的老父亲，遗憾的是，父亲不久病故，季羡林先生第三次回到临清。1933 年，因为老母亲病故，身在清华大学的季羡林第四次回到家乡。1973年，还没有完全“解放”的季羡林先生因为非常思念家乡，于是携家眷第五次回乡，而这一次，他和夫人是乘坐地排车回到家乡的。1982年，季羡林先生第六次回到临清。1991年，聊城师范学院开学，季羡林先生第七次回临清，随后参观了两座清真寺。1997年，因为去山东大学参加演讲，季羡林先生在演讲完之后又从济南回到老家临清。2001年8月5日，是季羡林先生的九十大寿，这天，季羡林先生冒雨从北京乘火车回到临清，来到父母坟前，给父母磕头，告诉母亲，“我以后一定回来陪你。”当时季羡林还曾因为磕头而遭受“封建”的质疑，对此，季老表示“磕头”不是封建，是要给年轻人看看，孝敬老人的传统不能丢。

回顾季老的一生，与父母在一起生活的时间少之又少，对此，他觉得愧为人子，实属无奈之举。不过他对父母的孝心从来没有因为相距千里而淡薄过，尽管不能长期侍奉左右，对父母的惦念已经算得上无愧于心了。

人在一生中所要完成的所有事情中，难免会有很多事情是难以两全的，难免需要做出一些顾此失彼的选择，遗憾总是难免的，或许有人会因此而产生非议，但我们不应该为此而耿耿于怀，或是心生愧疚，只要自己尽心尽力了就好，做人最重要是问心无愧。

在不尽如人意的时候，不要责备自己或是别人的失败，做到了所能够做到的，就已经足够了，至于结果如何，不是我们能够左右的，或失败或遗憾，只要无愧于心就好。

福中有祸，祸中有福

俗话说：“是福不是祸，是祸躲不过。”很多境遇是我们不能左右的。在福来临时，我们都会欣喜若狂；在祸来临时，我们也没有必要萎靡不振，因为既然是祸，总是躲不过去的，如果总是垂头丧气那就只会使处境越来越糟。这也就要求我们要坦诚地面对即将或是已经到来的祸福，像塞翁那样，坦然处之。

生活中，我们总要面对各式各样的事物，很多时候，这些事物总是会带来相应的祸福，这些非人力所能够左右。在面对祸福时，我们不能因遭遇灾祸而心灰意冷，放弃努力，也不能因为偶然间得到的惊喜而沾沾自喜，不思进取。应该冷静客观地面对当前的祸与福，做到“不以物喜，不以己悲”，不悲不喜地面对眼前的境遇。正如老子所说的“祸兮福所倚，福兮祸所伏”，人生是由福与祸交替连接而成的一条生命链，无论离开了哪一个，人生都将不再完整。

正如“风水轮流转”，其实福与祸也是交替而来的。在你最不如意的时候，可能成功已经朝你走来了。所以，不如意的时候，绝对不能轻易认输，放弃希望，只有顶得住命运的轮番戏弄，才能够拨开云雾见青天，铸就一段豁然开朗的人生。

在祸中要有等待幸福的希望，在福中更应该有祸患的防范。正因为祸福是交替而来的，所以要在绝境心怀希望，要在福地心存忧患意识，不要在成功面前洋洋得意，狂妄自大的后果很有可能就是失去了与挫折作战的能力，当祸患来袭的时候变得无力抵御，到时只有眼睁睁地看着自己辛苦打下来的江山成了别人的囊中之物。所以，要平和地面对当前的境况，冷静客观地面对当前的祸与福，对未来不知是福是祸的转化要做好充分的思想准备。

季羡林先生的一生跌宕起伏，在泯灭人性的“文革”期间，他从拥护、迷惑到醒悟，从旁观逍遥到挨批斗，遭到毒打，可以说遭遇到了常人难以忍受的福祸交替，就像是从温水里被推进冰窖里，又被人从冰窖里捞出来，放在烤炉里。在那个不知道明天是福是祸的时代，身在其中的季老，其内心充满了复杂的矛盾与痛苦，最终他被以莫须有的罪名戴上“反革命”的帽子，被关进了“牛棚”。

季羡林先生放下一切只为回到祖国的怀抱，没想到后来却遭到非人的待遇，他一度感到自己被开除了“人籍”。然而，他仍然坚持自己的信念，始终坚信，明天的太阳依然会升起。为适应永无休止的批斗，他竟然想出每天站在自家阳台上进行“批斗锻炼”。他“低头弯腰，手不扶膝盖，完全自觉自愿地坐喷气式”，“还在心里数着数，来计算时间，必至眼花流泪为止”。面对每天这种被逼无奈的痛苦锻炼，季老硬是凭借自己坚韧不屈的意志和忍辱自强的精神从那段屈辱的岁月中走了出来。

当季老恢复名誉后，以其宽容的态度谅解了“文革”中痛打和折磨过他的人。他从不记仇，也不报复，而且还常常自我反思。在当时“文革”的那种气氛笼罩下，每个人都“异化”为“非人”，自己也被人打得“一佛出世，二佛升天”。尽管如此，他还是愿意相信“文革”的正确性，并安慰自己“焉敢苛求于别人呢？”正是由于季老这种“洞明世事，反求诸躬”的品格支撑着他从祸患中走了出来，等到了幸福来临的那一天。

正所谓，“祸兮，福之所倚；福兮，祸之所伏”。事物存在两面性，福祸相依相存，交替而至，得失、利弊也是如此。也许，一件事当前对你造成了坏的影响，给你造成了损失，但是等这件事情过去之后，你也许会发现曾经的困苦正好弥补了你在这方面的空白，使得你在下一次面临同样的事情时便可驾轻就熟。

人生在世，灾难、病痛、困难在所难免，困境时抬头看一看，星空还在，阳光还在，就不要为失去而感到绝望。很多事情会绝处逢生，我们需随遇而安，在大喜大悲中以平常心处之，在福祸中修身养性。

今天失去的，明天会在另外一个地方弥补回来。很多事情就是这样，先失去再得到。所以，面对失去，不要惋惜，因为在未知的将来，在经历失败、挫折、失去、舍去之后，在惋惜和失落之后，总会迎来一个全新的面貌。失去只是一个开始，是为了更好地得到。要相信，将来会能得到比之前失去的更多，更好。

成功不必在我，只要尽心就好

“成功不必在我”这句话既是在说一种人生境界，也是在说一种价值取向，是一种只问耕耘、不计收获的至高境界。为理想信念，为国家民族，舍弃一己之私，哪怕所有努力最终成了别人走向成功的铺路石，也心甘情愿，无怨无悔。

所“成”之“功”，并非指个体意义上的“功成名就”，而是指在大局上所做出的贡献有多少。正如是鲁迅先生所说：“人固然应该生存，但为的是进化；也不妨受苦，但为的是解除将来一切苦；更应该战斗，但为的是改革。”

成功是价值的体现，也是每个人所追求的生命意义，所以每个人都希望有一番作为。然而，在客观现实面前，由于不同的人能力有高低之分，所处的环境有优劣差异，获得的机遇有多寡的差距，相应地，每个人成功的机会也就不一样，只有那些能力强、环境优、机遇多的人才能最终获得成功。由于成功条件要求的苛刻，在不同的天时地利人和面前成功者一定是少之又少的，而很多人能够充当开路角色却不能看到最后的成功。

就像为革命献身的英雄们不能享受到革命的成果一样，成功的好处不一定会降临到每一个为之付出努力甚至是生命的人身上，但是一旦成功，大多数人则可以享受到成功所带来的红利。从这个意义上说，虽然你没能直接促成最后的成功，但是只要间接推动了成功的进

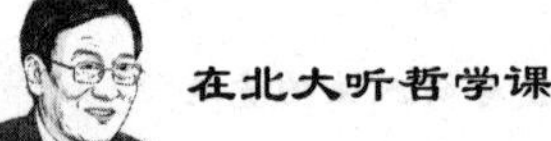

程，那么在你身上就有了一种“成功不必在我”的大无畏精神。

这个道理看似简单却又不简单。在某些人（有时包括每一个人）看来，为一件事情付出了很大的努力，就一定要享受到成功所带来的好处，如果努力的成果被别人享用了，那么心里就不是滋味。

虽然，这种追求最后的成功的决心和信心，将会成为人生路上的一种正面的有益的进步力量，并且还将为成功提供不可估量的动力。然而，很多情况却是一项工程要经过几辈人的共同努力才能够顺利竣工，这就意味着前几代人的努力将注定会成为此项工程的基石，他们将无缘得见自己的成果。如果说他们对此类事情耿耿于怀，那么想必他们的一生恐怕就很难开心了。与其抱着遗憾走完一生，不如看开些，认识到自己为最后的成功做出了巨大的努力，此后当别人享用成果的时候，也正是自己人生价值的体现。

1994 年夏，北京圆明园学院正式成立，季先生欣然同意出任学院名誉院长，以表示对中国民办高等教育的鼎力支持。学校本着扶贫助教、支持革命老区教育发展的办学宗旨，首届学生全部是从革命老区招收进来的。季羡林对这批学子寄予厚望并殷切鼓励，亲笔写道：“成为北京圆明园学院的一员，你将担负起历史大任和民族重托。”

此后近 10 年的时间里，身为学界泰斗的季老在繁忙的学术和社会活动之余，惦念着学院的发展和成长，惦念着师生们的工作和学习。只要时间允许，不论严寒还是酷暑，他总会应邀到学院，给师生做报告，讲做人，谈治学；不论多么忙碌和劳累，只要能够抽出时间，他总在家里接待学院师生，和他们谈理想，谈教育。

1995 年，学院帮助 15 个革命老区的 60 名初中毕业生到北京市 15 所重点中学免费就读。季羡林知道这件事后，经常问起这些学生的情况。这年冬天，当学院提出请季老为这些学生讲课时，季老未加思索就答应了。当时正值寒冬，季老感冒初愈，本来医生是不太同意他外出活动的，可是季老却说："这些孩子都是老区来的，能到北京上学很不容易，我要见见他们，给他们一些鼓励。"就这样，当时年逾八旬的季老穿着厚厚的大衣来到学院，为同学们带去了鼓励。

季老对学生们说："学习的目的是建设我们的国家。首先要把爱国主义摆在前面。一个人不爱国的话，就什么事情都谈不着。我希望受资助的青年学子们要明确自己的学习目的，要学好知识，做一个爱国家、爱家乡的人，学成之后为祖国、为家乡的建设贡献自己应尽的力量。"

正如季老所言，在他看来，人这一生能够取得怎样的成功并不是最重要的，做人才是最重要的。对此，他也多次对学生们说："人最珍贵的是有道德，知道该怎样做人。"

季老一生的成就在于学问，这些说到底都是惠及后人的工程，而我们如果说季老的一生是成功的，那么也只能够想到他为后人所做的很多事情，却找不出几件惠及于他的成功案例。

到底怎样才称得上成功，其实做你想做的和你能做的就是成功。只要你尽心了，哪怕还有一块砖才能盖成一间房子，那么对于你的一生而言，已经成功了，因为做完了你这一生所能够做到的事。

傅斯年讲乐观的心态

傅斯年(1896—1950)，字孟真，山东聊城人，祖籍江西永丰，近代著名历史学家、古典文学研究专家、教育家、学术领导人。傅斯年生于举人之家，幼年读私塾，1909 年就读于天津府立中学堂，1913 年考入北京大学预科，1916 年升入北京大学文科，1918 年，受到民主与科学新思潮的影响，与罗家伦、毛准等组织新潮社，创办《新潮》月刊，提倡新文化，成为北大学生会领袖之一。五四运动期间，担任游行总指挥。北京大学毕业后考取了庚子赔款的官费留学生，先后进入英国爱丁堡大学、伦敦大学研究院学习。1923 年，入柏林大学哲学院，学习比较语言学等。1926 年，应中山大学之聘回国，1929 年，兼任北京大学教授，后任北京大学代理校长、校长等职。

在北大学生活动中的檄文

1919年，新文化运动在全国知识界如火如荼地展开，民国政府内忧外患让整个国家的知识分子界血脉贲张。中国在酝酿一场风暴，而北大是这场风暴的中心。此时，作为北大学生领袖的傅斯年在知识界已经小有名望，在北大学生刊物《新潮》上发表檄文，呼吁北大学生的抗争精神，并唤醒千万中国知识分子。

当年，顾宁人先生曾有句道理极准确、形容极妙的话，说“南方之学者，‘群居终日，言不及义’，北方之学者，‘饱食终日，无所用心’。”到了现在，已经二百多年了，这评语仍然是活泼泼的。

我也从《论语》上找到一句话，可以说是现在一般士流里的刻骨的病，各地方人多半都如此——仔细考究起来，文化开明的地方尤其利害——就是：“好行小慧。”

什么是大慧，什么是真聪明，本来是句很难解决的话。照最粗浅的道理说，聪明是一种能力，用来作深邃的精密的正确的判断，而又含有一种能力，使这判断“见诸行事”，并不是外表的涂饰，并不是似是而非的伎俩。

但是，现在中国士流里的现象是怎样？一般的人，只讲究外表的涂饰，只讲究似是而非的伎俩。论到做事，最关切的是应酬；论到求学，最崇尚的是目录的学问，没道理的议论，油滑的文词。“圆通”、“漂亮”、“干才”，……一切名词，是大家心里最羡慕的，时时刻刻想学的。他只会“弄鬼”，不知道用他的人性。他觉着天地间一切事情，都可以“弄鬼”得来。只管目前，不管永远；只要敷衍，不问正当解决办法；只要外面光，不要里面实在。到处用偏锋的笔法，到处用浅薄的手段。

本来缺乏作正确判断的能力，又不肯自居于不聪明之列，专作质直的事情，自然要借重小慧了。觉得小慧可以应付天地间一切事情，无须真聪明，就成了小慧主义了。世上所谓聪明人，一百个中差不多有九十九个是似聪明。似聪明就是小慧。唯其似聪明而不是聪明，更不如不聪明的无害了。

何以中国人这样“好行小慧”呢？我自己回答道，小慧是心气薄弱的现象。一群人好行小慧，是这群人心气薄弱的证据。中国人心气薄弱，所以“好行小慧”；就他这“好行小慧”，更可断定他心气薄弱。现在世界上进步的事业，那一件不是一日千里！那一件不用真聪明！真毅力！那一件是小慧对付得来的？可叹这心气薄弱的中国人！

人总要有主义的。没主义，便东风来了西倒，西风来了东倒，南风来了北倒，北风来了南倒。

没主义的不是人，因为人总应有主义的，只有石头、土块、草、木、禽兽、半兽的野蛮人是没灵性，因而没主义的。没主义的人不能做事。做一桩事，总要定个目的，有个达这目的的路径。没主义的人已是随风倒，任水飘，如何定这目的？如何找这路径？既没有独立的身格，自然没有独立的事业了。

没主义的人不配发议论。议论是非，判断取舍，总要照个标准。主义就是他的标准。去掉主义，什么做他的标准？

既然没有独立的心思，自然没有独立的见解了。

我有几个问题要问大家：

(1) 中国的政治有主义吗?

(2) 中国一次一次的革命，是有主义的革命吗?

(3) 中国的政党是有主义的吗?

(4) 中国人有主义的有多少?

(5) 中国人一切的新组织、新结合有主义的有多少?

任凭他是什么主义，只要有主义，就比没主义好。就是他的主义是辜汤生(即辜鸿铭，字汤生)、梁巨川(即梁济，字巨川，梁漱溟之父)、张勋……都可以，总比见风倒的好。中国人所以这样没主义，仍然是心气薄弱的缘故。可叹这心气薄弱的中国人!

人生的最高精神是乐观

谁的人生也不是一帆风顺的，每个人总会遇到这样或那样的困难，只是在困难面前，有的人非常悲观，感觉天要塌下来了。有些人与其相反，非常乐观，好似困难并不能伤其分毫，总能带着微笑泰然处之，而只有这类人才能在大敌当前镇定自若，思维敏捷，往往能想出有效的解决办法，从而一脚踢开挡在面前的绊脚石。

不同的人生态度，会有不同的行动，不同的行动会产生不同的结果。很多时候，成功与失败就在一念之间，如果选择了乐观，就等于选择了积极的生活方式，选择了一条且歌且行的人生之路，不管将来遇到风雨还是彩虹，都不会愁眉紧锁，一蹶不振。

乐观的人总能用一颗平常心看待一切，不去苛求。他们想得开，看得透，拿得起，放得下，他们不为功名利禄所缚，不为荣辱得失所累，对成败得失淡然视之，泰然处之，任何来自命运的捉弄都不能令他们自我怀疑。

乐观对人的生活质量具有重要的价值，它直接左右着一个人的幸福程度。乐观的人在经历过悲伤之后能够很快地自我痊愈，然后又能够积极地投身于生活，在生活中尽情享受阳光的明媚、大地的广袤和海洋的深邃，就像从来没有经历过阴霾一样。

乐观对一个人的事业有着举足轻重的影响。乐观的人在压力面前总能看到背后的机遇，他们比别人看得更远，哪怕眼下正遭遇不公的待遇，依然能够积极主动做事，把工作看作乐趣而不是负担，不抱怨，不放弃。他们会从工作中获得满足和激励，进而更加努力发挥自己的个性和聪明才智，在他们身上涌动着源源不断的奋斗热情。

乐观的人是幸福的，他们性情豁达，热爱生活，还能给身边的人带去欢乐与鼓舞。傅斯年就是这样一个敢说敢骂的山东好汉。在台湾，人们称他是唯一敢在蒋介石面前跷起二郎腿放胆直言的人。其实，傅斯年不仅是一位桀骜不驯之士，还是一个极其乐观的人。

傅斯年是一个名副其实的胖子，在他身上因胖而发生的趣事不胜枚举。有一年，傅斯年、李济、裘善元同在重庆参加一个宴会。宴会结束后，主人为尽地主之谊特别为他们三个人雇了滑竿。

当天，六个抬滑竿的工人在门前等着。第一个走出来的是裘善元，工人们见他长得胖，都不愿意抬，于是就互相推让。第二个走出来的是李济，剩下来的四个工人看比刚才出来的还胖一些，于是又是一番彼此推让。等到傅斯年最后走出来的时候，剩下的两个工人一看不禁傻了眼，因为傅斯年比起刚才的两个人还要胖得多。两个工人稍微犹豫了一下抬起滑竿转头就跑，看到这个场面弄得请客的主人十分尴尬。

想必看完这个故事的你一定会觉得好笑，其实也不能怪那两个拔腿就跑的工人，毕竟在四川抬滑竿的人实在是没有太壮的。

傅斯年不仅不会因为他的肥胖而生气，反而经常拿自己的肥胖开玩笑。

一次为中医问题，傅斯年反对孔庚的议案，两个人在会上展开了激烈的辩论。傅斯年斗嘴是出了名的，孔庚自然辩不过他，可是孔庚也不示弱，甚至直接在座位上辱骂傅斯年，还说了许多粗话。傅斯年非常生气，朝孔庚嚷道："你侮辱我，会散之后我要和你决斗。"等到会散之后，傅斯年果真等在门口拦着孔庚要和他决斗。可是，当他看见孔庚七十几的年纪，身体又非常瘦弱，心肠不禁软了下来。他立刻双手垂了下来说："你这样老，这样瘦，不和你决斗了，让你骂了罢!"

看到这里，你一定会为傅斯年开朗乐观的性格所感染。在傅斯年的身上没有当时很多学者的愤世嫉俗与正襟危坐，他对待任何事情总是以乐观的态度处理，哪怕是面对辱骂自己的孔庚也没有记恨，反而用一个玩笑将事情处理得风淡云轻。

人生就应该像傅斯年一样用幽默的胸怀包容一切不开心之事。快乐是一种心境，一个人快乐与否，关键在于他以什么样的心态对待生活，对待人生。凡是以乐观、幽默的态度对待人生的，他们总能多收获一些幸福和快乐。

越是在悲伤、窘迫的时候，越是应该用乐观的心态一笑置之。要学着给自己找快乐，笑一笑十年少，一笑去千愁。对任何事情要少一些忧伤思虑，不要过于悲观，丢掉多愁善感，以豁达的心胸包容一切。当遇到困难挫折时，不妨换一个角度看问题，也许事情并没有想象的那么复杂，别人也没有你想象中的那样心怀歹意，以这样的心态应对人生中悲伤的小插曲，你才能够更快地给心情转个弯，看到柳暗花明的新景致。

身处谷底，每一步都是向上的

常言道："人往高处走，水往低处流。"人生在世，无一不希望自己能够爬得越高越好，永远不要摔跟头，永远不要跌入人生的低谷。然而，事情往往不遂人愿。无论是生活、事业，还是爱情，难免会有一些跌跌撞撞、起起伏伏，在顶峰与谷底之间来回穿梭。人生就像是爬山，只有在到达山顶的时候再走下坡路才能迎接来下一个人生的顶峰。如果总是站在高处不肯下来，那么人生也只能在此止步，不可能有所突破。

不知道你有没有留心观察过燕子飞行的过程，如果你仔细观察一下你就会发现，它们都是呈弧线飞行的。每次高飞前，总是要向下滑落一段，然后再奋力向上飞。燕子之所以这样做，就是为了能在下滑的过程中积蓄力量，这样才能保证下一次飞得更高，更远。看似习以为常的现象，其实蕴含着深刻的人生哲学。

燕子的飞行路径就像是一个抛物线，从低到高，达到顶点后，又从高到低，如此反复。人生不也正是如此，经常要面对得与失、成与败、悲与欢、离与合。如果你愿意像燕子一样飞行，就会发现，原来人生的低谷是力量的一种蕴藏，是为了让自己更好地走向另一个高度。如果你能够在人生低谷时这样思考，那你的人生还有什么好悲伤的呢？

一直都很佩服傅斯年的乐观心态，他无论面对什么事情总能一笑了之。1947 年的时候，傅斯年因患高血压被送到美国进行治疗。在美国住院期间，傅斯年的体重足足减少了三十磅，当时他带去的仅有的几套衣服都显得太大了，裤腰足足大出了四寸。

面对病痛的折磨，傅斯年依然不改往昔的乐观心态。病愈回家的那一天，他一跨进屋门，就用两只手紧缩着裤腰笑着对妻子说：“我现在可称为楚腰细，再也不是傅大胖子了。”

傅斯年抵达台湾时，恰逢台湾发生轻微地震。也许别人面对这种情况会很担心，而天性乐观的傅斯年却笑着说：“我真不愧是一个要

人，一到台湾便有地下礼炮向我致敬。”

也许正是他在病灾、天灾面前这种乐观天性，才使得他在民国时期那个动荡的年月里过得异常潇洒。

蒋介石也很欣赏傅斯年这个风趣幽默却又桀骜不驯之士，长久以来他都一心想把傅斯年拉入政府当官。1946 年初，蒋介石想让傅斯年担任国府委员。但是，傅斯年是一个不愿当官的人，任说客说破了天，他坚决不肯迈进政府的大门。蒋介石只好死了心，转而想拉胡适进入政府，并且希望傅斯年去说服胡适，结果傅斯年也竭力反对。

傅斯年在给胡适的信中说，我们一旦加入政府，就没有了说话的自由，也就失去了说话的分量。他在信中写道：“一入政府，没人再听我们一句话。”傅斯年不仅自己不想当官，还劝胡适要保持名节，他说道：“借重先生，全为大粪堆上插一朵花。”胡适看到这句话的时候，不由得打消了做官的念头。

傅斯年终其一生不肯加入国民党，不仅如此，他还鼓励他的老师胡适采取跟国民党不合作的态度。傅斯年想发挥知识分子的力量，但是又不想被国民党同化。可以说，傅斯年是活在夹缝里面的自由主义者，这也就意味着他没有社会地位，他的处境有多苦，可想而知。

尽管如此，傅斯年还是坚持做自由的自己，一步一步从没有依靠的谷底一个人往外爬，因为他始终坚信，站在谷底的他，每走一步都是向上的，都是有积极意义的。

当你身处低谷时，也是你感到最轻松的时候，因为你所走的每一步都是向上的，都是进步的，是在一步一步靠近成功。当你站在顶峰的时候，是最应该担心的时候。

当一个人处于人生顶峰时，往往会颐指气使，恃才傲物，沉浸在眼前的辉煌中，洋洋得意，因而停步不前。其实，这个时候正是强弩之末，也就是说极有可能滑向人生的低处。当一个人处于人生的低谷时，往往会悲观失望，丧失斗志。殊不知，否极泰来，所以当你走到低谷时，应该高兴才对，因为这意味着你就要往上走了。

心中有阳光的人，到哪里都是春天

阳光不是太阳的专属，我们的内心同样能释放出温暖的阳光。心中有阳光的人，到哪里都是春天。无论他们身处怎样暗无天日的环境，总能借助心中的阳光看到世界最美好的一面。心中有阳光的人能够造就明媚的命运。无论他们是否一个人奋斗，在他们的心中都有一个知己如影随形，不离不弃。阳光之人心中能够长出自信、宽容、给予、爱和感恩，也正是因为如此，他们内心的世界总是色彩斑斓，鸟语花香。

人的一生总会有各种各样的遭遇，内心也会因此经受各种磨炼和挑战。当我们的内心被阴影笼罩的时候，就是借着心中的太阳驱逐黑暗的时候。每一个阳光的午后都会与你的影子相遇，这就像是每一次走在通往成功的路上，你总会与挫折不期而遇一样，而这才是最真实的人生。

心中有阳光，眼前满是阳光，享受到的都是温暖。心存埋怨，则看到的都是阴暗，感受到的也是痛苦。每个人的心灵，因为各自的遭遇不同，看到的一切就有所不同，所以也会映照出迥然不同的内心世界。

心中有阳光，就能够感受到清晨日出时那股蓬勃向上的力量，能够领略到黄昏晚霞的绚丽景致，能够站在内心的春天里等待每一朵花竞相绽放。倘若心灵深处没有阳光，那么内心定是漆黑一片，心情也会是灰蒙蒙的。深陷黑暗中的你就会哀叹光明的缺失，环境的恶劣，会觉得身边的一切都令你无所适从，想逃离，又无处可去。

暴风雨既然已经来临，与其站在原地怨天尤人，不如迈开步子往前跑。同样是阴雨天没带伞，有些人心存一方晴空，头顶永远是蓝天白云，边跑边享受着雨天里的诗情画意，哪怕全身淋湿了也觉得畅快淋漓；有些人却边跑边抱怨，觉得上天有意跟他过不去，因为不满，心中满天的乌云遮住了太阳。

只有心中有阳光的人才能在一路的艰难险阻中，毅然决然前行，才能在风雨飘摇中依然看到阳光明媚的春天，才能在无数次失败依然坚持从哪里跌倒从哪里爬起，并坚信风雨之后是彩虹。

傅斯年在台湾大学任校长时，曾进行过大刀阔斧的改革。期间，他还邀请到我国第一位留英学生李祈来台大任教。为了留住李祈，傅斯年特地破例给她配了住房。

然而，傅斯年千辛万苦找来的“高才生”却没有让傅斯年省心。有一次，李祈神色慌张地冲进傅斯年的办公室，说附近农民养的一只红脸番鸭咬破了她的袜子，鸭嘴接触到她腿上的皮肤，她担心自己会染上“狂鸭病”。看着李祈恐惧担忧的样子，傅斯年哭笑不得，最后实在忍不住哈哈大笑起来：“只闻有狂犬症，未闻有狂鸭症也。”此时的李祈像中了邪似的，一再坚持让傅斯年买下那只鸭子，并送到医院化验。傅斯年只好照办，在医院证明鸭子没有病后，李祈悬着的一颗心才放了下来。

之后，傅斯年笑着对李祈说：“你有任何条件我都答应，只是希望你以后多穿几双厚袜保护你的腿，因为我没有钱再买鸭子了！”

傅斯年与李祈全然相反的反应确实让人忍俊不禁，而这也正是傅斯年的魅力所在，对于任何遭遇，他总能笑着面对，用内心的太阳照亮自己，温暖他人。

傅斯年和胡适之间也曾发生过类似的让人为难的事情。那是在1934年，刘半农去世后，北大中文系急需教员，胡适便出面向史语所借罗常培救急。傅斯年一向尊重胡适，二话不说就同意了。不仅如此，当时傅斯年为了配合罗常培的工作，给他配备了助理。三年后，所配助理已经达到三人之多。可是，令傅斯年感到懊悔的是罗常培去了北大后，迟迟不见回来，只好向胡适要人，于是他写信给胡适："莘田兄（罗常培）'借出三年'，可谓'久借不归'，无专任研究员老是'借出'之理也。"信是寄出去了，可是北大那边始终没有动静，傅斯年无可奈何地自嘲："孙、周想占便宜却赔了夫人又折将，我是一片好心，没想到赔了将才又折兵。"

傅斯年尽管心存不满，但是他的自嘲足见他乐观的心态。做人应当如此，大事面前大胸怀，小事面前少计较，只有这样才能够少一点怨气，多一方晴朗。

心中有阳光的人任何时候都能宠辱不惊，淡定从容，因为他们知道纵使乌云蔽日，乌云之上依然有太阳存在，雨过天晴是迟早的事。所以，只要你心中有阳光，就可以无惧阴晴圆缺，无惧季节更迭，斗转星移。

能找到理由悲伤，就一定能找到理由快乐

如果你能够找到一个悲伤的理由，那么就应该能够找到一百个快乐的理由，因为人只有沉浸在快乐之中时才能够体会到悲伤的滋味。就像一个贫困山村里的孩子，整天吃馒头咸菜，在他吃过山珍海味之前是不会觉得吃馒头的日子有多苦，反而他还会因为每天都能填饱肚子而感到满足。而一个城市里娇生惯养的孩子，恐怕连吃一盘没有肉的菜都觉得难以下咽，甚至觉得是非人般的生活。

悲伤是对比之下产生的，而快乐则是油然而生的。没有见过幸福的人并不会知道自己相比之下有多么不幸或是贫困，而对于快乐，无

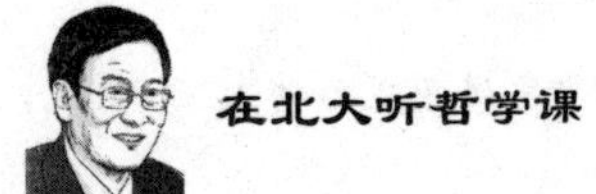

须亲眼所见，别人的一个赞美就能让你开心一整天。

在悲伤面前没有理由不快乐，因为无论悲伤还是快乐，只是一种心境而已，由你控制。只要学会转变心态，就可以操控心情。失去时，要想所拥有的；得不到时，想一直未曾逝去的；悲伤面前，总能找到一个足以淹没所有悲伤的快乐理由。人这一生中总会遇到不顺心不如意的事，兜兜转转中悲伤不能阻挡你回忆曾经的快乐，更不能阻碍你迎接下一站的快乐。

谁都会遇到不开心的事情，就像出门正好看见要坐的公交车扬尘而去一样，即使要上班迟到了，也能够在领导批评的时候庆幸自己还有一份工作可以糊口。

要想快乐就不要拿自己没有的跟别人攀比，要明白，也许辛苦一辈子都不可能挣到一个富二代的一辆代步车。但是，你更应该懂得，所拥有的都是自己的快乐，尽管它们不能价值千金，至少足够感到满意，并由此而感到快乐。

傅斯年学富五车，却家徒四壁，尽管如此，他也是最快乐的。无论生活怎样清贫，依然可以做他喜欢做的事，有一个贤惠的夫人相伴左右。

1950 年的一个冬夜，傅家的小书房内，炭盆里生着火，傅斯年穿着一件厚棉袍伏案写作，虽然披着棉袍，可他还是被冻得瑟瑟发抖。他的夫人就坐在他的对面，缝补着他的破袜子，因为台湾大学校长第二天要参加两个会议，不能太寒碜。看到这一幕，没有人不被傅斯年的幸福所打动，尽管他要穿一双缝补过的破袜子，但是我们依然能够从这个场景中看到温馨的快乐。

夜深时分，夫人催他早些休息。傅斯年搁下笔，抬头对夫人说："我正在为董作宾先生办的《大陆杂志》赶文章呢。之所以如此着急，是想等钱到手后，请你尽快去买几尺粗布、一捆棉花，为我缝一条棉裤。”想到丈夫的腿一向怕冷，西装裤又太薄不足以御寒，傅夫人才再劝说。随后，傅斯年长叹一声：“你嫁给我这个穷书生，10多年来，没有过几天舒服日子，而我死后，竟无半文钱留给你们母子，我对不起你们。”

令人意想不到的是，几天之后，傅斯年就因病逝世了。前来悼念的好友和学生站满了傅家的院子，久久不愿离去。傅夫人哽咽着回忆起丈夫去世前说的棉裤一事，她含着眼泪说，丈夫本就已经积劳成疾，而自己也是一向不忍心让他深夜赶稿。那天他说要换来稿费做棉裤，所以才没有多加劝阻。

众人听了，唏嘘不已。一旁的董作宾坐不住了，从口袋里掏出一个装钱的信封，塞到傅夫人手中说：“这就是那笔稿费，先生嘱托我交给你的。先生跟我讲了，自从你嫁了他，没过上舒心的日子，这篇文章的稿费是要留给你贴补家用的。做棉裤之说，只是先生的托词。”

董作宾的话刚说完，就有一个学生站起来说：“不，这才是先生最后的稿费。”接着，他说起几天前，傅斯年听说学校里有个贫困学生交不起学费，于是就掏钱资助了他的事情。那个学生说：“我们知道先生清贫，不肯收他的钱，但他说不碍事，这是刚刚得来的稿费，还不知该如何用呢。”

原来，傅斯年说要做棉裤只是他赶稿贴补家用的借口，而目的就是让妻子不要太担心自己。为了让贫困生安然接受他的帮助，他又撒了另外一个善意的谎言，将自己的积蓄称作不知作何用的稿费倾囊相助。

傅斯年在贫困中依然不忘助人为乐，同时他也为拥有一个贤惠的妻子而感到快乐。而他的夫人呢，尽管失去了心爱的丈夫，但是她依然引以为傲，为丈夫的乐善好施而感到快乐。

都说痛苦是自找的，其实快乐不也是自找的吗？只要你在看似悲伤的情境下寻找身边的快乐，就会找到很多值得开心的事情。与其在悲伤的理由下悲伤欲绝，不如积极寻找快乐的理由走出悲伤。

莫名其妙的攻击其实是一种恭维

你深居简出从不与人为敌，却会莫名其妙地遭到一些人的攻击与排斥，他们对你表示反感，就像你做了很多对不起他们的事，罪不可赦。面对莫名其妙的攻击，你应该学会看开。其实任何没有事实根据的攻击都是一种嫉妒，一种不愿意承认的恭维。

比如明星，越是在一夜之间爆红的越容易陷进众人的攻击之中。其实他们并没有什么负面新闻，更没有做过任何对不起网民的事，尽管如此，网上还是骂声一片。其实，对于明星来说，骂声越多就说明有越多的人在关注他们，说明他们具备一定的名气，当然，是怎样的名气，时间会为他们洗刷冤屈。

同样地，生活工作中，无论升职还是结婚，越是在喜事面前就越容易会有那么几个不愿意诚心祝福的人站出来唱反调。他们会尖酸刻薄地说："就凭你也能升职，在背地里一定没少送钱送礼吧？现在你是升职了，别干不了几天因为能力不够又被踢下来，到那时可就丢人了。"也许还会有人在暗地里给你使绊，但不管怎么样，最重要的一点就是你绝对不能自我怀疑。

生活中难免会有那么一些善妒的人喜欢戴着有色眼镜看人，以为别人成功就是走的后门，别人成名了就是傍的大款，别人挣钱了一定就是投机取巧。对于这些人，绝不能为逞口舌之快而与之展开辩论，去辩论也没有用，辩驳不过他们，因为他们是不讲道理的人，相反，他们只会说你心中有鬼。与无理取闹之人斗争的最好办法就是不予理会，冷落他，让他明白你从不将他看在眼里，他也绝不能对你产生任何影响。当他激怒你的目的不能达成时，也就只有灰溜溜地走人的份儿。

当你千辛万苦换来的成功备受质疑甚至遭人唾弃的时候，一定会觉得十分委屈，明明什么错都没有，为什么好像全世界的人都对你咬牙切齿？现在社会信息高度发达，不明是非就胡插一脚的人比比皆是，对于那些不明真相的人大可不必理会，因为他们是在诽谤你，如果说身边的人诽谤你，那么你应该感到庆幸，因为时间会证明一切。为你的成功感到高兴的人是不会听一些无聊之人的妒忌之词的，相反，越是有人诽谤，你就应该过得越好，只有令他们更加嫉妒，才是惩罚他们最好的办法。

如果修炼没有到位，接受不了诽谤之人的侮辱和刺激，大可扬长而去，熟视无睹，尽量远离那些诽谤之人。任何情况之下都不要搭理诽谤之人，如果越理他，或者辩争清白，只会增添他伤害你的气焰，犹如炉子里的火，越加柴，火越旺；若不理它，等柴火烧完了，火自然就灭了。

人难免有一些嫉妒之心，也正因如此，才会产生那么多的是是非非。受不了比自己过得好的人比比皆是。因为他们深知自己不如人，所以才会加以诽谤，从而达到欺骗自己，骗取心理平衡的目的。对于此，你应该怡然自得，因为他们是在变相地恭维你，是嫉妒，是羡慕，是对你成功的肯定。

傅斯年是胡适的学生，不幸的是他去世的比胡适早。傅斯年去世之后，胡适在给傅夫人的信中提道：“他的学业比我深厚，读的中国古书比我多得多。但他写信总自称‘学生’，三十年如一日。我们见面时，也常‘抬扛子’，也常辩论。但若有人攻击我，孟真一定挺身出为我辩护。他常说‘你们不配骂适之先生’，意思是说，只有他自己配骂我。”

胡适在信中提到的骂人一事，不禁令人觉得风趣，在这件事情上，傅斯年对胡适的“攻击”其实就是一种变相的恭维。正是因为傅斯年承认胡适的学识，所以他才愿意与之“对骂”，因为他觉得与胡适辩论对得起自己的学识。这也正好向我们揭示了一个真理：真正的批评，总是建立在对等的基础之上。只有修养与学识对等的人的批评，才值得关注和理会。至于无边无际的谩骂，除了自我贬低之外，没有任何意义。

总之，我们完全没有必要理会那些无名之辈的莫名攻击，那些莫须有的“低智商”罪名并不值得我们为之辩解，但凡稍微有点头脑的人自会将其中的真相看得一清二楚。

愁苦的情绪是套给自己的枷锁

有人总喜欢将自己打造成一个悲剧性的人物，他的生活中并没有什么事情值得伤心欲绝，可是每天还是被愁云笼罩着，就像是遭遇到什么天灾人祸一样。

其实，很多时候，愁苦情绪都是自己强加给自己的，本来很快乐的，却非要把自己反锁进了一个暗无天日的牢笼里，而愁苦情绪就是用来锁住自己的枷锁。

要想活得快乐其实很简单，只要打开心中的枷锁，将自己释放出来，走到人群中去感受快乐与热情。重拾以往乐观的心态，积极排除困难，做自己想做的事情，在不懈的努力中获取奋斗的幸福感。

我们之所以会感到不快乐，是因为生活中的我们太过较真了。在世俗观念中，我们逐渐养成了思维定式，站在世俗观念的基础上思考人生，评判自己是否幸福，而往往我们的现实状况与大众眼中庸俗的成功与幸福极为不符，正是因为如此，我们才会感到不满足，抱怨，而后悲伤。虽然世俗观念作为帮助人们思考的宝贵经验具有一定的借鉴意义，但不能将其视为唯一的幸福标准，否则就会成为束缚自我心灵的枷锁，导致活在别人的价值观中，始终不能做真正的自己，从此郁郁寡欢。

现实中，你希望像别人推崇的那样生活，而在理想中，你又想活出真正的自我。面对两种相互抵制的生活方式，夹在其中的任何一个人都不可能高兴起来。与其“两面不是人”，不如综合两者的优点，活出一个在现实生活中自由自在的自己。做自己想做的事，只要是正确的，有积极意义的，不管别人是否看好，只管放心大胆去做就是。

很多期望活出自我的人都会比较在意别人的眼光，别人说他做不到，他就会自我怀疑，担心自己真的不能胜任，或是没有把握做到。半信半疑地上路，很容易在信心用尽或是遭遇挫折的时候半途而废。

人的一生的确充满许多坎坷、愧疚、迷惘、无奈，但是如果细想一下，在这些失望与遗憾中，又有多少是因为我们不敢尝试或是半途而废导致的。如果现在再给你一次证明自己的机会，你一定能够将事情办得很好。然而，很多事情是没有第二次尝试的机会的，稍不留神，就会被自己营造的心灵监狱监禁，从而白白放弃了本该唾手可得的成功。

要想打碎扣在身上的枷锁，乐观地应对生活中的挑战与坎坷，只要保持微笑，就不会有任何愁苦可以占据得了你的嘴角。

一直以来傅斯年给人的感觉都是雷厉风行，充满霸气的。他之所以无惧权贵畅所欲言，不仅仅因为他有扎实的文学功底，更多的还是他始终相信自己，并且总是以乐观的心态抵挡生活中突袭而来的不幸。

傅斯年和罗家伦都是胡适的学生，两人同为“五四”运动的健将，所以两个人总是一起共话天下大事，引领学界风骚，是一对无话不说的好友。

1923 年冬天，罗家伦家中遭窃，钱财衣物被一扫而空，几乎到了“裸体归天”的悲惨境地。傅斯年得知此事后，以“山外魔生”为名写信给罗家伦，关切之余还不忘调侃道：“昨晤姬公，闻真人(罗家伦的绰号）道心时有不周，衣冠而往，裸体而归，天其欲使真人返乎真元耶！不然何夺之干净也？”调侃完之后，他写道：“今写此信，是告诉你，我有一外套，你此时如无解决之术，则请拿去。虽大，容或可对付一时。帽子，我也有一个，但恐太小耳。”罗家伦看过信后，哭笑不得，自言道：“傅大胖子，就知幸灾乐祸！”

当罗家伦遭遇愁苦之事时，傅斯年的几句调侃之语反倒胜过了苦口婆心的安慰，不仅让罗家伦破涕为笑，愁苦也一扫而光。

傅斯年不仅以乐观的心态劝解别人，也常常以此种心态清扫自己的愁苦情绪。昆明的人力车夫拉起车来，总是飞快地跑，而傅斯年是一个大块头，每次他坐上车都会让车夫拉得汗流浃背。有一次，车夫实在负担不起他的重量，车子翻了。车夫不但不道歉，反而怪傅斯年太胖太重，要他赔车子。听闻此事的罗家伦笑着问傅斯年：“你这个大胖子怎样和人打架？”傅斯年不假思索地笑道：“我以体积乘速度，产生一种伟大的动量，可以压倒一切！”

在傅斯年的身上，看不到愁苦的枷锁，他“心宽体胖”，以其最灵活的心态巧妙地躲避着生活所带给他的愁容利箭，活得畅快无比。

落下井的石头是可以用来垫脚的

当我们遭遇到困境的时候，往往希望有人过来拉一把，只要一把，就能够从困境中“逃出生天”。然而现实情况却是，越是在关键时刻越是没有几个人愿意助人为乐。这还不算最糟糕的，最糟糕的是“屋漏偏逢连夜雨”，当我们不小心踩空了一脚掉进井里的时候，站在井口的人不但不投下一条绳子，反而还往井里投石子。

面对这种情况该怎么办？大家一定读过这样一个寓言故事：一天，农夫的驴子不小心掉进一口枯井里，农夫想了很多办法都没能救出驴子。天色越来越晚，驴子还在井里痛苦地哀嚎着。农夫一狠心，决定放弃这头驴子。为免除驴子的痛苦，农夫决定将这口井填起来。当泥土砸进井里的时候，驴子嚎叫声更大。过了一会儿，这头驴子突然安静下来了。它开始不断地将掉在身上的泥土抖落一旁，然后站到泥土堆上面。就这样，驴子将掉到它身上的泥土悉数垫在了脚下。最后，这只驴子成功地从井底跳了出来。

在生命的旅程中，我们难免会遇到类似驴子的情况。当我们陷入各种各样的“枯井”时，各式各样的“泥沙”铺天盖地，而我们逃出的秘诀是：不要慌乱，将砸在身上的“泥沙”变成垫脚石，一点一点“化压力为动力，化危机为机遇”，最终定能成功脱困。

无论跌入怎样深不见底的人生低谷，只要以乐观、沉着、稳重的态度面对困境，机遇往往潜藏在困境之中。

1941 年秋，四川大学中文系毕业生王叔岷被北大文科研究所录取为研究生。王叔岷怀揣着“奇书十万卷，随我啖其精”的雄心，兴冲冲来到四川南溪县李庄的板栗坳。来到李庄后，他首先拜见了当时兼任北大文科研究所所长的中央研究院历史语言研究所所长的傅斯年。傅斯年见到王叔岷后问他将来想做什么研究课题，王叔岷自信满满地说：“《庄子》。”接着，就怡然自得地背诵起“昔者庄周梦为蝴蝶”一章。坐在一旁的傅斯年将脸一沉对着王叔岷说：“要把才子气洗干净，三年之内不许发表文章！”这一句话无疑是给王叔岷泼了一盆冷水，令他很不自在，却又无可奈何。

王叔岷只得埋下头来痛下工夫研究《庄子》，最终他在傅斯年这盆冷水的浇灌下成了 20 世纪《庄子》训诂方面最权威的学者。

“三年内不许发表文章”是傅斯年为王叔岷定下的规矩，而这一条规矩也在后来成为历史语言研究所的金科玉律，即所有刚进研究所的助理研究员三年以内不写文章，即便写了也不许发表。这看似是一个压制学生发展的不合理规定，但实际上，正是在这条规定的压制下，才使得很多学生能够在大学期间专心学习，积累学识，从而有了后来的傲人成绩。

继王叔岷之后，从北大文科研究所毕业的李孝定也成了历史语言研究所的一名助理研究员，跟随董作宾做甲骨文研究。从学生到助理研究员，由于身份的变更，李孝定将傅斯年的要求忘在了脑后，向研究所的学术“集刊”投了一篇稿子，没想到很快就被退了回来。这时，他才意识到自己违背了傅斯年“三年内不许发表文章”的明训。

后来李孝定这样述说自己当时痛苦的心情：“这是我生平所受的最严重的打击，因此造成的自卑感压抑了我至少十五年。”好在经受过此中严重“打击”之后的李孝定没有就此放弃，而是以“板凳要坐十年冷，文章不写半句空”来告诫自己。历经多年的“营养补充”之后，李孝定撰写出了《甲骨文字集释》《汉字的起源与演变论丛》等多部著作，成为甲骨文研究的“拓荒者”之一。

傅斯年的这条明训对于进研究所的助理研究员来说无疑就是砸在身上的“石头”，可就是因为这些“石头”，他们才得以潜心研究学问，最终“厚积薄发”，成为名副其实的研究者。

生活中，我们难免会遭遇别人“泼冷水”或是“投石子”的情况，如果在此种打击下变得一蹶不振，那就等于失去了完善自我的机遇。因为别人的否认都是强加在自己身上的压力，而只有承担得起这些质疑的压力，将压力的“石子”当成提高自己的“垫脚石”，才能够取得真正的成功。

笑容是战胜一切的必备武器

任何不开心的事情都存在于我们的意志之内，只要将它们赶出我们的意志领域，用微笑来取代悲伤，那么所有的悲伤将不复存在。真诚的笑容是世间最美的表情，是战胜一切的必备武器。别看笑容的组成只是微微弯曲的几抹线条，却是斩断愁丝的宝剑，是很多棘手的事情化繁为简的神器。

一个笑容，再容易不过，却能创造无限。

现代科学证实，经常发自内心地微笑对于提高人的生理机能，改善人的情绪具有显著的效果。经常微笑能够提高工作、学习、生活的热情，增进工作和办事效率。一个发自心底的笑容会在不经意间越过表情层面，达至心灵内核，成为应对困难时的镇静剂，乃至自我闯关时鼓风扬帆的催化剂。

人生中最大的浪费是什么？不是因为失败而失去了什么，而是没有笑容的日子。每一个积极进取的人都会在奋斗的路上经历无数的艰辛，同时也会收获成功后的喜悦和挫折后的沮丧。在迎战挫折单飞的日子里，微笑就是力量的源泉，只有时时刻刻微笑才能撑起信心，扬起自信的风帆，一直拼搏下去，战胜困难，最终走向成功。

巴尔扎克说过："世界上的事情永远不是绝对的，结果因人而异，苦难对于天才是垫脚石，对能干的人是财富，对于弱者是万丈深渊。"

傅斯年出身名门望族，1913 年考入北大预科，师从黄侃、刘师培等大师，其国学底子是很多人望尘莫及的。1920 年，傅斯年入伦敦大学跟随史培曼教授研究实验心理学，同时兼及哲学、历史、政治、文学、物理学、化学等。1923 年 9 月，傅斯年又赴德国柏林大学研究院，研习相对论、比较语言学等。在那个众人皆以博士学位为荣的时代学风下，傅斯年留学海外 7 年，却不拿一个学位。也许很多人为傅斯年感到遗憾，但是他却怡然自得，独自遨游在学术的海洋里。

正因为如此，傅斯年被朋友们称为"学霸"，而实际上他本人也很看重有学问的人。傅斯年非常钦佩陈寅恪的学问，曾对人说："陈先生的学问近三百年来一人而已。”在艰苦的抗战时期，傅斯年与陈寅恪在昆明同住一栋楼。傅斯年住在一楼，陈寅恪住在三楼。每次“跑警报”的时候，整栋楼的人争先恐后地往楼下的防空洞跑，唯独傅斯年摇晃着肥胖的身躯往楼上跑。

傅斯年之所以在千钧一发之际冒着生命危险往楼上跑，是怕陈寅恪睡觉听不见警报。另外，陈寅恪视力不好，行动不便，所以傅斯年怕他遇到危险，才匆忙上楼搀扶陈寅恪下楼。每次提及这件事情，傅斯年都付之一笑，从不认为自己有多么高尚。

20 世纪 40 年代，国民党中央研究院筹备成立民族学研究所，拟聘历史语言研究所的李方桂出任所长，而李方桂总是坚辞不就。为此，中研院代院长朱家骅委托傅斯年前去说服。傅斯年与李方桂见面后不厌其烦地劝说，结果李方桂当着傅斯年的面说了这样一段话：“我认为，第一流的人应当做学问，第二流做教师，第三流才去做官。”这句话分明是在指责傅斯年是第三流的人，而傅斯年听后不但不恼怒，反而立即起身弓下腰去作了一个长揖，面带微笑地说：“谢谢先生，我是三等人才。”

傅斯年就是这样一个时刻微笑着的大学者，他从不因为自己的学识而高看自己，也从不因为没有博士头衔而轻看自己，他永远笑对人生，以自己最喜欢的方式生活着。

一个人若做到如此，不以物喜，不以己悲，用自己最喜欢的方式生活，活出最洒脱的自己，那么再多的烦恼也会消失得无影无踪。

给自己一个微笑，让自己给自己带来欢乐、包容以及战胜挫折的信心，这样你就会在自己的微笑里建立起一个属于自己的明媚世界。

冯友兰讲精神的境界

冯友兰(1895—1990)，字芝生，河南唐河人，中国近现代著名哲学家、教育家。1918 年毕业于北京大学哲学系，1924 年获美国哥伦比亚大学哲学博士学位。回国后，任教于北京大学、清华大学、西南联合大学，新中国成立后，任清华大学哲学系主任、文学院院长，曾获美国普林斯顿大学、印度德里大学、美国哥伦比亚大学名誉文学博士。冯友兰一生致力于研究中国传统哲学，专攻墨家和儒家，著有《中国哲学史》《中国哲学简史》《中国哲学史新编》《贞元六书》等书，对中国现当代学界乃至国外学界影响深远。

人生的境界

我们自认为活在这个世界上，在追求物质财富的同时，对人生价值同样充满着思考。人不是生来享受的，那人生的价值又体现在哪些方面呢？人生价值的体现对于社会来说，就是对社会做出了多少贡献；对于个人而言，就是活的有意义。

社会与个人之间的关系是相互依存、相辅相成的，如果一个人短暂的人生对社会带来长远而巨大的贡献，那么通常这样的人会活的比较有意义，其生存的价值也就很好地体现出来了。

人生路上，我们之所以苦苦追寻，满足于物质的同时，更想充实我们的内心。然而，空虚的内心往往如一个深不见底的黑洞。之所以在人群中迷失了自我，是因为我们没有感受到自己对于别人的价值，没有从社会中找到自己不可替代的位置。

从古至今，中外诸多学者不断探索思考人生问题，对人的生命存在进行了分层研究。而在中国哲学领域，冯友兰先生的人生境界说可谓其中的典型代表。冯友兰主张以正确的生活方法指导人生，以求取人生的幸福。冯友兰在汲取中国古代哲学关于境界论营养的基础上，构建了他的人生境界说。在他看来，一个人之所以可以通过确立正确的生活方法实现自己的人生价值，条件即在于人是“理性动物”，人是有“觉解”的生物。

“觉解”这个词，最早出现在冯友兰先生《人生的境界》一文中。冯先生认为人生的境界，不能仅看你做什么，而要看你对此的认识。这里可以把它解释为行为的动机，如扶一个老人过马路，同一件事，不同人去做，境界不同，体现出来的人生价值也是不同的。

一个傻子看到有人摔倒了就跑过去扶起来，你问他，为什么扶，他傻傻一笑，毫无意识，即无觉解。一个小学生扶老人，你问他，他会说老师说帮助老人是好孩子，会受到表扬的。马屁精认出了老人是领导的父亲，于是像乖孙子一样跑过去扶，并一再说自己是谁谁，他的行为完全是为了巴结领导。真正富有同情心的人是不会为了自己得到什么而去帮助他人，他们会觉得“老吾老以及人之老”，做了好事也不想让人知道，别人知道了谢他，反而觉得难为情。

同一件事之所以表现出来的不同的出发点，正是因为每个人的“觉解”不同。对于人生的意义，冯友兰先生将其归之于人的“觉解”，并将人分为四种境界：生物的人，现实的人、道德的人、宇宙的人，由低级向高级渐次而成，前一个境界是后一个境界的基础，这就是冯友兰先生著名的人生四境界学说。

人生价值该如何去实现？对于这个问题，歌德在《格言诗》中写道：“你若要喜爱你自己的价值，你就得给世界创造价值。”一个人的价值不是自己散发出来的，而是从别人的身上感受到的。在自己喜欢的事物或工作上，通常蕴含着巨大的潜在价值，要想感受到这种价值，首先要相信这种价值的存在，然后通过正确的方式在生活和工作中去诠释。当然，在实施的过程中会碰到很多挫折，也许还会很漫长，但正因为我们喜欢，想要通过梦想创造出自己的价值，我们才要更好地坚持，最终为别人和世界创造价值，同时实现自己的人生价值。

总之，要想实现自己的价值就要大胆去发现和挖掘自己的价值，并用一颗诚挚的心去帮助提升别人的价值。在这个过程中，我们才能够体会到自己在这个社会上的重要性，体会到自己的价值，从而获取内心的满足。

多一些责任，少一些自私

当你看到马路上秩序井然的车流时，是否想过人们为什么会如此自觉地遵守交通规则？仅仅是因为害怕被交警抓吗？不是，是因为我们的社会责任感促使我们懂得为他人着想。

当你看到年过古稀的老人在敬老院里下棋时，是否有想过为什么他们能够如此惬意地安享晚年？仅仅是因为子女孝顺吗？不是，还有这个社会对他们的照顾。

你身处社会，可以浑然不知，但是对于社会责任却不能不知。生活在社会中，责任是每个人分内的事。责任就是承担应当承担的任务，完成应当完成的使命，做好应当做好的工作，少一点自私自利。

责任感是衡量一个人精神素质的重要指标，一个整天为了鸡毛蒜皮的事情而计较的人是很难从社会中感受到幸福的。责任和幸福是对应的，事实上承担责任并不是没有回报的付出，而是从另一个方面得到了惊喜的回报。能量是守恒的，付出与回报又何尝不是呢？

你将垃圾扔进垃圾桶，环卫工人为你打扫干净每一条街道，责任就是这样在交换中得到互补。所以，你无须计较今天付出了多少，明天在不经意间你会得到意外的收获。

责任是一种职责，是一种任务。它伴随着人类社会的出现而出现，有社会就有责任，大家在各尽其责中享受着社会带给各自的便利。只有身处社会中的个体都遵守相应的规则，生活才能够变得便利快捷。

尽管每个人都是平等的，由于各种各样的原因，每个人的生存能力也有很大差别。有的人每天只能挣几块钱或是更少，甚至还有些人饱受着战火的煎熬，他们连生命都不能够保障；有的人则日进斗金，年收入上百万都不稀奇。哪怕是现代化的今天“朱门酒肉臭，路有冻死骨”的现象依然存在。

当年，冯友兰先生从美国回来以后，中国正在经历着翻天覆地的大变动。在冯友兰的人生中有整整三十多年的时间都没能享受到社会的温暖。三十余年里，他犹如被抛掷在茫茫无边的荒滩上，虽奋力跋涉，却总也找不到通向绿洲的路径。尽管如此，他依然没有忘记对这个不曾优待他的社会尽一点微薄之力。

当国民党败逃时，许多与之有瓜葛的人匆忙离开大陆。冯友兰先生的弟弟冯景兰也想离开大陆，他悄悄地问兄长走不走。冯友兰对弟弟说：“何必走呢，共产党当了权，也是要建设中国的，知识分子还是有用的。你是搞自然科学的，那就更没有问题了。”

冯友兰认为，无论什么党派当权，只要它能把中国治理好，就应该坚决拥护，而他必须承担起自己的社会责任。

“文化大革命”期间，冯友兰先生被扣上了“反动学术权威”的帽子，并剥夺了他的行动、就医等一系列的自由和权利，俨然被社会抛弃了。七十多岁的老人了，还被强制去劳动。整日被关在造反派的“劳改大院”里，即使有病也得不到治疗，几乎一命呜呼，其处境之凄惨可想而知。他的儿女们也受到了牵连，就连他的孙子都被幼儿园开除了。直到 1968 年秋，事态才有了好转，红卫兵通知他可以回家了，冯友兰这才有了一种“皇恩大赦”的感觉。

在那样的社会背景下，冯友兰先生依然坚持留下来为新中国的建设贡献自己的力量，那现在的我们呢？即使我们不能做到像冯老一样舍生取义，但是至少该尽的社会责任还是应该积极去承担的。

我们之所以要尽社会责任，通过帮助贫弱的人来回报社会，就是因为我们的生活是从社会中取得的，而社会的稳定、和谐、有序是成就个人事业与人生的大环境和大前提。如果有钱人都只顾着自己，挥金如土，而不顾穷人的死活，那么社会矛盾势必会加大，社会秩序也必将荡然无存，抢劫、盗窃甚至杀人案件必将频发，我们的生命终将受到威胁。可见，尽责任并不是于己无利的付出，而是变相地在为自己造福。

别人的恩泽要永远牢记

视角不同，我们所看到的世界风景也将不尽相同。斤斤计较的人看到的世界是尔虞我诈的，心怀感恩的人看到的世界是和谐共处的。要想以一种愉快的心态来享受这个世界的风景，首先要有一颗懂得感恩的心。

恩不分大小，每一份恩泽，都要牢记在心。所谓滴水之恩，当涌泉相报，由于每个人的境遇不同，也许一点关心就会令一个人重新燃起生存下去的勇气。因此，别人的一句鼓励，我们应该牢记在心，当别人陷入绝境的时候，则要尽力相助。

学会了感恩，你会发现生活中有很多感人之处。当你遭受挫折的时候，有人安慰你、鼓励你。当你心情低落时，有人陪在你的身边陪你度过最艰难的时刻。当你需要帮助的时候，陌生人无私地伸出援助之手。当你成功时，有人为你喝彩。

身边的小感动、小温暖，也许当时你不觉得怎样，但是事后回忆起来你会发现，原来你一直都这么幸运。一声问候，一个微笑，这些也许只是一些随处可见的事情，但是当你心情沮丧时，它们却是你的疗伤良药。在你渡过难关的时候，别忘了回头想一想，如果没有身边人的鼓励与支持，也许会从此一蹶不振。

当你发现别人的好时，正是你感恩的时候。

人生路，并不是一个人孤独前行。一路走来，别人的恩泽无法估量。从出生的那一刻起，就要感恩生育我们的父母，是父母带我们来到这个世界，给予我们生命。不管他们贫穷还是疾病，他们都是赐予我们生命的大恩人。此后的成长路上，父母是我们坚强的后盾，无论我们的成绩怎样，他们永远在背后默默地关注我们，爱护我们。这份恩情，我们需要用一辈子来回报。

我们还会遇到恩师。老师是我们人生中的贵人，教我们识文断字。我们还有同学、朋友、同事、领导、爱人，他们都在我们特定的人生阶段扮演着必不可少的角色，带给我们鼓励、支持与陪伴。正是因为有了他们，我们才不会感到孤立无援，孤苦无依。

所以，如果你现在正遭受着苦闷或是委屈，不要埋怨，风雨之后是彩虹，误解之后必将有真相大白的一天，只需心怀感恩，静心等候就是。

俗话说，一个成功男人的背后必定站着一个伟大的女人。此话用在冯友兰先生的身上尤为贴切。在冯友兰的人生中，站在其身后的女人不止一个，而是三个。冯老曾经题诗给对他有重大帮助的三位女性，字里行间透着浓浓的感恩之情。其诗云：早岁读书赖慈母，中年事业有贤妻。晚来又得女儿孝，扶我云天万里飞。

冯友兰先生的一生确如其诗所说。早年如果没有冯母的谆谆教导，冯友兰不一定会走上哲学的道路。中年如果没有夫人的操持家务与支持，冯友兰也不可能有今天的学术成就。晚年的冯老多灾多病，如果没有女儿钟璞女士的悉心照顾，冯老更不可能完成他最后的辉煌之作。所以说，冯老的确应该好好感谢这三位出现在他生命中的女人。

如今的社会，尽管女性地位已经得到了很大提高，但是依旧避免不了以男性为中心的社会风气。正是因为如此，男性生活工作等各方面的压力一般高于女性。对于男性而言，能否在某个领域取得成功，拥有一个美满的家庭就显得尤为重要。那些已经取得成功的男性，他们的成功也不是他一个人付出的结果，其背后还有决不仅限于其家庭的无私奉献。正是因为有了众多亲朋好友的帮助，他们才能取得骄人的成就。

正如托尔斯泰的那名言“幸福的家庭都是相似的”，只有身处幸福家庭中，才能使人感到春天般的温暖，感到其乐融融。这不仅对于培养人的良好性情是一剂良药，还有助于家庭成员开创事业或学业。冯老之所以能够在哲学领域取得骄人的成绩，不能忽略他所拥有的令人羡慕的家庭。

当你为自己的成功洋洋得意的时候，不要忘记感谢每一个曾经帮助过你的人。人生长路漫漫，所受之恩无从数起，但要学会感恩。感恩的同时奉献一份关爱，也就偿还了一份恩泽。也只有用感恩的心态去面对生活，我们才能够更加真切地感受到生活的温暖，更加深刻地体会到生命的价值。

常怀感恩心，一生无憾事

现代人的生活较之以前幸福多了，但是幸福指数却没有因此而得到提升。暴力、离婚、报复甚至自杀事件屡有发生，生活在这样一个不相信幸福的环境下，人的内心会显得比较浮躁。很多人在埋怨生活的不幸，埋怨情感的坎坷，埋怨工作的艰辛，埋怨仕途的无奈……似乎这个世界上没有比他们更不幸的人了。

我们之所以感觉自己并不幸福，或是不如别人幸福，往往是因为我们总是牢记自己的付出，却忘记向身边的人表示感恩，于是抱怨之气频发。常怀感恩心，一生无憾事。只要你的胸中常常怀有一颗感恩的心，必然会看到不断地涌现出的温暖、自信、坚定、善良等这些美好的事物，而你也会不知不觉养成感恩的处事品格。

生活需要一颗感恩的心来创造，人生需要一颗感恩的心来滋养。

古人讲："知恩图报，善莫大焉。"也许你很成功，也许你失败，但这些都没有关系，你需要知道的是，在你奔向成功的道路上，身后有无数人在为你付出，提供帮助，而这才是你人生最大的收获。因此，在成功与失败面前，你无须太过计较，因为你已经得到了别人的一路温暖。

爱因斯坦说过："每天我都要无数次地提醒自己，我的内心和外在的生活都是建立在其他人的劳动基础上。我必须竭尽全力，像我曾经得到的和正在得到的那样，做出同样的贡献。"我们无时无刻不在接受着大自然的馈赠，只要我们心怀感恩，就会发现，得到的从来都不比任何人少。所以，我们不应该常怀抱怨，而应该去感谢现在所拥有的一切。就算真的一无所有，至少还享受着生命的恩赐，正呼吸着，这就已经比很多因战火或是疾病失去生命的人幸福多了。如果我们能够这样想，还觉得有什么遗憾吗?

生活有苦也有甜，当我们感到人生跌入低谷的时候，抬起头来，看一看穿破夜空而来的星辰。那些我们眼睛里渺小的光，都是我们生命中的幸福。只有将这些幸福的光束收集起来，你才能够重获勇气，不断地前进。无论逆境还是顺境，只要我们还肯怀着一颗感恩的心去面对一切，会发现生活真的很美，很迷人，周遭围满了幸福的点点滴滴。

冯友兰先生就是一个只知感恩、从不计较人生憾事的人。在他漫长的一生中，很少去抱怨什么，总是心怀感恩地去看待身边的不如意。

当年，清华大学从昆明迁回北平以后，冯友兰先生曾经开过课。冯老女儿钟璞有一个同学虽然从来都没有听过冯老的课，和冯老也没直接交往，但在文学院读书时，见到他的机会比较多，并且因为他和冯老的女儿钟璞是同学和好朋友，所以经常会去冯家，也知道冯老的一些事情，知道他们的家教和家风。钟璞曾跟她的这位同学说过，老先生最不喜欢的事情就是在背后议论人，就是不许在背后议论人的长短，特别不喜欢议论人的生活问题。受冯老的影响，钟璞也不喜欢在背地里议论别人，所以在女同学中间，钟璞是个稳重、关心别人的女孩。当别的同学叽叽喳喳，东家长、西家短地说这谈那时，钟璞从来不插嘴，这不禁令她的同学觉得他们的家风很好。

在钟璞的这位同学看来，她觉得冯老不但会做学问，而且会做事和处世。冯老有做实际工作的能力，不是书呆子。冯老给人印象更深的是，为人处世非常厚道、宽容，对身边的人常怀感恩，对生活中的一些憾事并不是很在意。要知道，知识分子常常有比较刻薄的时候，越是有些名气的教授之间越是容易引经据典地互相批评，大道理说得头头是道，但在一般人看来就是刁钻刻薄了，可是在冯老那里永远都听不到任何刻薄或是抱怨的话，他常常谈起的都是别人帮助过他的一些事情。跟冯老聊天，会让人觉得这个世界上本就没有什么事情是值得遗憾的，相反，更应该感谢自己所拥有的，就算它们显得微不足道。

生活中不如意事十有八九，遭受挫折，被人误解，受到批评，与其满腹委屈，抱怨不止，不如敞开胸怀，让这些不如意的事随风而去。

成功时感激别人，失败时看到差距，感恩别人的鼓励，以积极的心态面对人生，如此，人生才不会有什么遗憾。

多给予少索求

人之所以感到不快乐，是因为向别人索求的东西没有得到；之所以快乐，是因为将玫瑰赠予他人，手中留有余香。

生活中，总有那么一些人不断地索求，一旦得不到就会责怪、抱怨，因为没有得到而整天闷闷不乐。其实，这时候如果尝试着由给予对方一些东西，当看到别人的微笑时，会看到一味索求时看不到的惊喜。

一般来说，付出就会有收获，索求就能得到满足。在这种绝对的求与得的认知中，父母对子女的爱显得是那么的天经地义，它不需要我们做出任何付出，在我们嗷嗷待哺的时候就存在，而我们往往因为习惯了，总认为这就是理所应当的。于是，在长时间的索取中，很多人忽视了给予和珍惜。

求与得不是一个绝对守恒的定律，我们难免会遇到这种情况，无论再怎么努力，付出，给予，都无法得到所求的东西。或者说我们没有一味地索求，而是长时间地扮演着一味付出、给予的角色，最终还是会只剩下自己孤零零地一个人，得不到任何的回报。面对这种极其不公平的境地，你一定会觉得非常委屈甚至愤恨，但是这就是最现实的人生。

给予和索取，这两个看似可以画等号的词语，其实它们之间的关系并没有我们想象的那么简单。有时候给予会大于索取，有时候索取会大于给予，有时候又会刚刚相等。不管怎样，我们都必须明白一个道理，给予之后得到的一定就是你的，而平白无故得到的即使你握在手中也会忐忑不安，总是担心被别人夺走因而辗转难眠。与其这样，不如得不到来得坦然。

在与他人交往中对给予与索取关系的判定，反映了一个人的品质和德行。有的人把索取看得非常重，在与人交往中，总会不由自主地行使自己手中的权力，无时无刻想着从别人手中获得好处。这种人与他人的交往必定是短暂的，有可能是因为他发现从别人身上已经无法获得利益了，有可能是别人看透了他自私的个人目的，总之，建立在索取之上的人际关系是不可能长久的。

人与人之间应该是一种非常和谐的关系，是不计较付出与回报的一种无差别给予关系。作为朋友，应该时时刻刻考虑到对方的感受，尽力帮朋友做点事情，而不是为了得到才付出，在得不到某些东西的时候就无情地转身离开。

在给予与索求关系上，我们不妨向自己的父母学习学习，真正做到不为回报的付出才能够得到坦然的幸福。对于父母，冯友兰曾经说过："母亲是我一生最敬佩的人，也是对我影响最大的人。"

冯友兰先生的评价当真是恰如其分。冯母吴清芝，是一个生性仁慈、知书达理的贤妻良母，善于勤俭持家，这一点不仅令冯老的父亲极为赞赏，就是整个冯氏家族都对她的能干和贤惠赞不绝口。吴老夫人是一个开明的传统女性，曾担任过唐河端本女学女监，大力支持女子上学。

冯友兰先生13岁的时候，父亲在湖北崇阳当县令，后因脑溢血突然病逝，这一噩耗对冯家母子来说无疑是一个巨大的打击。毕竟在旧社会里男人是一家之主，一个家庭里如果没有父亲那就等于没了主心骨，失去了精神与物质的源泉。事情发生后，吴老夫人和冯友兰兄妹悲痛欲绝，生活一下子失去了方向。

就在这个关键的时刻，坚强而贤德的吴夫人毅然用她单薄的身躯挑起了全家的重担。冯父为官十分清廉，去世后可以说是家徒四壁。无奈，冯母只好带着子女扶柩返乡回唐河老家生活。在乡下，她不但含辛茹苦地将四个子女抚养成人，而且还将他们教育成材。除了冯友兰的胞姐温兰早嫁、胞兄新兰早殇外，冯友兰成为中国哲学界的一大名家，弟弟冯景兰成为著名的地质学家，妹妹冯沅君成为我国现当代有名的作家和古典文学专家，而他们就是有名的“唐河三冯”。

也许正是因为冯母对几个孩子的无私付出，才使得孩子心怀感激，奋发图强，最终成为令母亲为之骄傲的人才。很多时候就是这样，怀着索求的目的去给予反而不容易得到令你满意的回报，而不求回报的付出更容易感天动地，进而获得意料之外的惊喜。

如果将快乐建立在给予之上，那么无论是否因此而得到什么，在付出的过程中我们就已经得到想要的快乐了。只要我们尽量为他人付出了，希望在与人交往中通过自己的给予使他人快乐，那么我们必定会因此而收获更多快乐。

享受朴素的生活

现在越来越多的人喜欢在人前装土豪，也有不少女孩希望嫁入豪门，麻雀变凤凰。在这些物欲横流的奢靡期望中，又有多少人生目标是切合实际的？在互相攀比中，我们已经渐渐忘却了自己最需要的是什么，开始习惯以别人羡慕的方式活着。

要知道，日子不是过给别人看的，只要自己过得开心幸福就好了，没必要一定要有名望和财产，幸福度与物质的富裕程度是没有直接关系的，最重要的还是心里觉得满足就行了。其实与觥筹交错的富裕生活相比，朴素的生活更容易让人觉得温暖幸福。

如果每天因为业务忙到很晚才能回家，如果为了升职已经很久没有休假了，如果被房贷、车贷逼得都吃不上饭了，这时候，就是你该放下虚荣回归自己的时候了。现代人生活压力越来越大，朴素的生活已经到了必须重新被人理解和重视的时候了。朴素就是没有浮夸与浮躁，生活单纯而简单，没有太多的凡尘俗世，以最本色的姿态活着。

早晨豆浆油条，工作不在工资的高低，只要做得顺心就好。下班回家，或许妻子已经给你准备好了可口的饭菜，或许还有懂事的孩子跑过去抱住你的脖子。晚饭尽管称不上什么美味佳肴，至少是你爱吃的几道小菜，一家人围坐在一起说笑玩闹，还有什么能够比得上此刻一间小屋里的温馨快乐呢？

国画大师齐白石曾在大白菜图上题词："先人作过三代农夫，方知得此根有真味。"孙犁也在《菜根》一文中写道："古人常用嚼菜根教育后代，以为菜根不止是根本，而且也是一种学问。甜味中略带一种清苦味，其妙无穷。"

朴素的生活就像菜根，在其纯正质朴中，泛些儿淡淡的类似素食主义式的清苦，教人在最平淡的饮食中回味生活的真谛。当然，朴素并不意味着就一定要过吃菜根一样的艰苦生活。其实，真正的朴素，不一定都陷入艰苦之中。懂得享受朴素生活的人在不艰苦的日子里也会自觉地追寻朴素的生活方式，而这才是最为难得的朴素。一个人唯有心甘情愿地朴素，从心底喜欢简单的生活方式，才能真切地从中体会到最真实的幸福。

现代人渐与朴素生活背道而驰。豪车华屋，力追"时尚"，消费求高，排场奢华。在这种浮嚣世风中，懂得在朴素的生活中坚守自我的人越来越少。专买专卖者难得朴素，投机取巧者难得朴素，官场沉浮者难得朴素。每个人都在拼尽全力往上爬，纵使全身伤痕累累依然不肯回到地面上过简单的生活。

冯友兰先生像很多民国时期的学者一样，过着清贫的日子，创造出了最宝贵的精神财富，又有谁能够否认他们的成功呢？所以，并不是只有物质上的享受才能够证明你有多么成功，精神上的富裕才是真正的富裕。

冯老先生晚年写《中国哲学史新编》的时候，眼睛已经看不见了。有人去冯老家向他问候，他说他现在只能做“反刍”工作了，意思是说把过去吃进去的东西再吐出来仔细嚼嚼，从中品出新的滋味来。尽管他不能再跑去图书馆吸取新的知识，但是他依然在家里靠这“反刍”写出了七卷本的鸿篇巨制。

我们听后难免会心里一动，假如从今天起我们的眼睛也看不见了，能“反刍”出什么东西来吗？别说是“反刍”了，恐怕连日子都觉得过不下去了，对人生彻底绝望了吧！而冯先生这样的大学者，尽管日子过得清苦，眼睛也看不到什么东西了，依然还能够安稳地坐下来继续他的哲学事业。几十年中，冯老已经把很多知识和学问融会贯通，变成了自己的养料，装在肚子里，印在脑子里，随时可以“反刍”出来，这才是真学问，也是无价的财富。

物质上的富裕只能够满足身体上对物质的贪婪，精神上的困乏是永远都不能够用物质来填充的。所以，要想从精神上得到满足，感到幸福，还是应该从追求物质的时间中拿出一些时间来充实我们的精神，享受人生，享受时间。

告诉眼前人，他对你很重要

生活中往往存在这样一种矛盾关系，越是亲近的人，越是难以当面说出一些矫情的话。尽管我们心里将对方看得很重要，可是却总是说不出口。闹矛盾了，又总是谁也不肯先低头。无论朋友还是亲人，在最亲密的关系中，疏于感情的表达，这也就使得彼此越闹越僵。

朋友之间应该寻求一种语言与情感的相通，在精神上相互依靠与信赖。拥有朋友，就能从对方那里寻找到曾经没有的感觉或是答案，让迷茫的自己得到支持与鼓励，也可以与对方并肩前行，踏上共同的梦想之路……不同的人拥有各自不同的风景，不同的风景却又展示出不同的韵味，而你眼前的人就是最美的风景。

如果你觉得能在这些美丽的风景中得到快乐和欣慰，你们之间的感情将会给你留下美好的享受与难以忘却的记忆。如果眼前的人对你来说很重要，那就应该勇敢地开口，告诉他，他对你来说很重要。

1985年11月，时逢冯友兰九十岁大寿，给梁漱溟送去了寿席请单，但是梁先生却拒绝出席。他给冯友兰写了一封没有上款的回信。他在信中毫不客气地说，他之所以拒绝，“实以足下曾谄媚江青”。

冯友兰回信：“来书竟无上款，窥其意，盖不欲有所称谓也。相待以礼，复如是乎？疾恶如仇之心有余，与人为善之心不足。忠恕之道，岂其然乎？譬犹嗟来之食，虽曰招致，意实拒之千里之外矣。‘如何金石交，一旦更离伤。’诗人诚慨乎其言之也。非敢有憾于左右，来书真率坦白，甚为感动，以为虽古之遗直不能过也，故亦不自隐其胸臆耳。”

冯老给好友梁漱溟的复信，可谓是心情复杂，他不想与好友之间产生误会，但是又不能将自己的“清白”解释清楚。

这两位世纪老人最终还是见面了。交谈中，冯友兰的女儿钟璞为了让两位老人重归于好，不得不代替父亲向梁漱溟说明“曾谄媚江青”并非事实。这里所提到的冯友兰“曾谄媚江青”一事，是1973年时谢静宜曾代表江青造访冯友兰，为此有人建议冯老上书铭感。之后，江青一手导演了“批孔”闹剧，致使当时的“大儒”冯友兰被其玩弄于股掌之上。另外，所谓的开会发言、外出参观等，不过是冯友兰在天津小靳庄见农民赛诗时，诗兴大发，后又在医院作《咏诗》25首，其中有几句“女皇”武则天的诗句，“则天敢于作皇帝，亘古中华一女雄”，没有想到的是这几句诗在当时便被人非议为“谄媚江青”。

之后，经过冯友兰父女的解释和辩白，梁漱溟方才真正了解到“批孔”运动中冯友兰的真实情况，他们终于又恢复了交往。

冯友兰虽是名家，却依然看重朋友情谊。为了解开梁漱溟对他的误会，不惜让女儿出面帮自己澄清事实。可见，在冯老的心中，老友梁漱溟的地位有多么重要。

曾经有人这样说：“和自己一同笑过的人也许很快就忘却了，而和自己一同哭过的人也许终身难忘。”生活中，一起笑的人也许有很多很多，而一起哭过的人却没有多少。能够同甘的不一定是真朋友，但是能够共苦的却是应该好好珍惜的人。

一个人再坚强，独立，也不能没有友情。一生几十年，注定要经历不少的风风雨雨。人生路上，一个人孤独前行难免会落寞孤单，如果有人肯一同上路，就应该好好珍惜。如果一时的矛盾或是误解弄伤了彼此之间的感情，那么就应该勇敢地告诉对方你内心的真实感受，告诉他，他对你来说很重要。

感情再好的两个人，如果不将内心的真实情感表达出来，日子久了就会产生误会或猜疑，与其双方之间不信任，不如果断告诉对方，让双方的感情在相知中变得坚不可摧。

活在当下，珍惜现在拥有的

一个富人和一个穷人谈论什么是幸福。穷人说：“幸福就是现在。”富人不屑地看着穷人的茅舍、破旧的衣着，轻蔑地说：“这怎么能叫幸福呢？我的幸福可是百间豪宅、千名奴仆啊。”一天，一场大火把富人的百间豪宅烧成了断壁残垣，奴仆们纷纷各奔东西，富人在一夜之间沦为乞丐。烈日炎炎，汗流浃背的乞丐路过穷人的茅舍，上前讨口水喝。穷人端来一大碗清凉的水，问他：“你现在认为什么是幸福？”

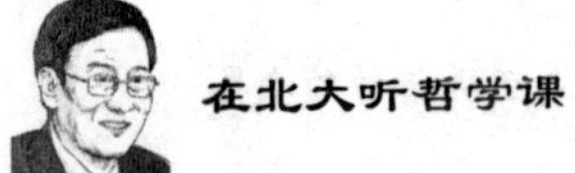

乞丐咕咚咕咚喝完水说："幸福就是你手中的这碗水。"

智慧的人总比一般人更能看清人生，也许是顿悟，也许是未曾迷失。觉得自己幸福的人都是能够看淡尘世的物欲，抵御住各种诱惑，舍弃了烦恼和痛苦，惜时如金，活在当下，珍惜现在所拥有的人。总是抱怨自己不够幸福的人，一般都是混沌的，一生贪求名利，在烦恼和痛苦中过早地耗尽生命的"灯油"。

昨天幸与不幸都已是过去，明天苦与不苦还未到来，所拥有的只有当下。要知道，昨天只是一种记忆，随着时间的流逝，这种记忆会逐渐淡忘。明天只是一种虚幻，凡是还没有到来的就不一定会如约而至。

如果你是为往事而悔恨，为未来的事情而担忧，那么你就只能白白地荒废掉现在。悔恨与担忧是人这一生中最徒劳无功的两种情绪，它们既不会帮助你弥补过去，也不能助你操控未来，反而会使你陷入惰性与悲观的泥潭中失去现在。

"文革"时期，冯友兰先生苦撑残躯，含垢忍辱地活下来了，既保全了性命，也留住了学问。现在，人们对于那一时期的冯先生有各种各样的说法，人们之所以会对他抱有褒贬不一的态度，造成这种结果的原因有两点：一是对冯先生的不理解；二是对冯先生所处的环境不了解。试想一下，"文革"期间没有言论自由、没有人权的时期，当时的冯老处在很大的压力之下，而这种巨大压力又是无端的和无形的。

在当时的环境下，活着比自杀更勇敢。冯友兰，一个文弱知识分子，用自己的缄默漠然地与那样一个不公的时代抗争着。支撑着他走下去的不是对过去的怀念，也不是对未来的期盼，而是活在当下的勇气。他知道，尽管眼下的生活并不理想，但他还是愿意接受现实的洗礼，除了自由，拥有一个幸福的家庭，拥有一个可以思考的头颅。这样就足够了，不计较过去，也不巴望未来，只要勇敢地活下去就好。

我们的亲人、朋友、整个的心灵和身体都生活在现在，也只能生活在现在，既然如此，那我又何苦要去一遍又一遍地回顾往事、忧虑未来呢？其实每一个人都清楚地知道，过去的事情无论多么值得留恋或是多么需要悔恨，都已经于事无补，放不下只是毫无意义的心理反应罢了。至于未来，尚未到来，所以也是不存在的，就像爬山登高，在爬山途中，不必往下看，也不必往上看。因为既不可能看清顶峰的风景，也看不清脚下的风景，所能够清晰地看到的只有眼前的风景。

活在当下是一种全身心投入的生活方式。活在当下，再悲伤的过去也将无法拖你的后腿，再迷茫的未来也不能放慢你前行的脚步。把全部能量集中在当下，你的生命就会因此而爆发出前所未有的张力，你的内心也会因为现在而拥有的一切变得充实而满足。

有人说过："当你存心找快乐的时候，往往找不到，唯有让自己活在'现在'，全神贯注于周围的事物，快乐会不请自来。"人生的意义正是如此，珍惜现在拥有的才是最真实的，也是最幸福的。

昨日已成历史，明日尚不可知，只有当下才是上天赐给我们最好的礼物。

鲁迅讲坚韧的意志

鲁迅(1881—1936)，原名周樟寿，后改名周树人，字豫山，后改豫才，“鲁迅”是其笔名，浙江绍兴人，近代著名文学家、思想家，中国现代文学的奠基人。早年就读于私塾，后留学日本学习医学，见中国人精神之孱弱，后弃医从文。回国后，历任任师范教员、中学监学、教育部官员，1920 年任教于北京大学，讲授中国小说史。鲁迅的思想，在民国时期产生了巨大的影响，也因此蜚声世界文坛，被誉为“二十世纪东亚文化地图上占最大领土的作家”。

1927 年的公开演讲

1920 年，鲁迅先生应蔡元培邀请任教于北大，开授的课程为中国小说史，虽然作为文学教授，但鲁迅并不以文学学术闻名，真正让鲁迅蜚声海内的是他的思想和文章。他思想中渗透着的那股自由、反思的精神，影响了一代北大人。

鲁迅曾经在香港做过一次公开演讲，演讲的题目为《无声的中国》。在演讲中，鲁迅向中国的年轻人指明了未来的方向——勇敢执着、坚韧不拔地改变这个国家。

现在，浙江、陕西，都在打仗，那里的人民哭着呢，还是笑着呢，我们不知道。香港似乎很太平，住在这里的中国人舒服呢，还是不舒服呢，别人也不知道。

发表自己的思想、感情给大家知道的是要用文章的，然而拿文章来达意，现在一般的中国人还做不到。这也怪不得我们，因为那文字，先就是我们的祖先留传给我们的可怕的遗产。人民费了多年的工夫，还是难于运用。因为难，许多人便不理它了，甚至于连自己的姓也写不清是张还是章，或者简直不会写，或者说道：“zhang”。虽然能说话，而只有几个人听到，远处的人们便不知道，结果也等于无声。

又因为难，有些人便当作宝贝，像玩把戏似的，之乎者也，只有几个人懂，其实是不知道可真懂，而大多数的人们却不懂得，结果也等于无声。文明人和野蛮人的分别：其一，是文明人有文字，能够把他们的思想、感情，借此传给大众，传给将来。中国虽然有文字，现在却已经和大家不相干，用的是难懂的古文，讲的是陈旧的古意思，所有的声音，都是过去的，都就是只等于零的。所以，大家不能互相了解，正像一大盘散沙。

将文章当作古董，以不能使人认识、使人懂得为好，也许是有趣的事罢。但是，结果怎样呢？是我们已经不能将我们想说的话说出来，我们受了损害，受了侮辱，总是不能说出些应说的话。

拿最近的事情来说，如中日战争、拳匪事件、民主革命这些大事件，一直到现在，我们可有一部像样的著作？民国以来，也还是谁也不作声。反而在外国，倒常有说起中国的，但那都不是中国人自己的声音，是别人的声音。

这不能说话的毛病，在明朝是还没有这样厉害的，他们还比较地能够说些要说的话。待到满洲人以异族侵入中国，讲历史的，尤其是讲宋末的事情的人被杀害了，讲时事的自然也被杀害了。所以，到乾隆年间，人民大众便更不敢用文章来说话了。所谓读书人，便只好躲起来读经，校刊古书，做些古时的文章，和当时毫无关系的文章。有些新意，也还是不行的；不是学韩，便是学苏。韩愈苏轼他们，用他们自己的文章来说当时要说的话，那当然可以的。我们却并非唐宋时人，怎么做和我们毫无关系的时候的文章呢。即使做得像，也是唐宋时代的声音，韩愈苏轼的声音，而不是我们现代的声音，然而直到现在，中国人却还要耍着这样的旧戏法。人是有的，没有声音，寂寞得很。人会没有声音的么？没有，可以说：是死了。倘要说得客气一点，那就是：已经哑了。

要恢复这多年无声的中国，是不容易的，正如命令一个死掉的人道："你活过来！"我虽然并不懂得宗教，但我以为正如想出现一个宗教上之所谓"奇迹"一样。

首先来尝试这工作的是"五四运动"前一样，胡适之先生所提倡的"学革命"。"革命"这两个字，在这里不知道可害怕，有些地方是一听到就害怕的。但这和"文学"两字连起来的"革命"，却没有法国革命的"革命"那么可怕，不过是革新，改换一个字，就很平和了，我们就称为"文学革新"罢，中国文字上，这样的花样是很多的。那大意也并不可怕，不过说，我们不必再去费尽心机，学说古代的死人的话，要说现代的活人的话；不要将文章看作古董，要做容易懂得的白话文章。然而，单是文学革新是不够的，因为腐败思想能用古文做，也能用白话做，所以后来就有人提倡思想革新。思想革新的结果是发生社会革新运动。这运动一发生，自然一面就发生反动，于是便酿成战斗……

但是，在中国，刚刚提起文学革新，就有反动了。不过白话文却渐渐风行起来，不大受阻碍。这是怎么一回事呢？就因为当时又有钱玄同先生提倡废止汉字，用罗马字母来替代。这本也不过是一种文字革新，很平常的，但被不喜欢改革的中国人听见，就大不得了了，于是便放过了比较的平和的文学革命，而竭力来骂钱玄同。白话乘了这一个机会，居然减去了许多敌人，反而没有阻碍，能够流行了。

中国人的性情是总喜欢调和，折中的。譬如你说，这屋子太暗，须在这里开一个窗，大家一定不允许的。但如果你主张拆掉屋顶，他们就会来调和，愿意开窗了。没有更激烈的主张，他们总连平和的改革也不肯行。那时白话文之得以通行，就因为有废掉中国字而用罗马字母的议论的缘故。

其实，文言和白话的优劣的讨论本该早已过去了，但中国是总不肯早早解决的，到现在还有许多无谓的议论。例如，有的说：“古文各省人都能懂，白话就各处不同，反而不能互相了解了。”殊不知，这只要教育普及和交通发达就好，那时就人人都能懂较为易解的白话文。至于古文，何尝各省人都能懂，便是一省里，也没有许多人懂得的。有的说：“如果都用白话文，人们便不能看古书，中国的文化就灭亡了。”其实呢，现在的人们大可以不必看古书，即使古书里真有好东西，也可以用白话来译出的，用不着那么心惊胆战。他们又有人说：“外国尚且译中国书，足见其好，我们自己倒不看么？”殊不知，埃及的古书，外国人也译；非洲黑人的神话，外国人也译，他们别有用意，即使译出，也算不了怎样光荣的事的。

近来还有一种说法，是思想革新紧要，文学改革倒在其次，所以不如用浅显的文言来作新思想的文章，可以少招一重反对。这话似乎也有理。然而，我们知道，连他长指甲都不肯剪去的人，是决不肯剪去他的辫子的。

因为我们说着古代的话，说着人家不明白，不听见的话，已经弄得像一盘散沙，痛痒不相关了。我们要活过来，首先就须由青年们不再说孔子、孟子和韩愈、柳宗元们的话。时代不同，情形也两样，孔子时代的香港不这样，孔子口调的“香港论”是无从做起的，“吁嗟阔哉香港也”，不过是笑话。

我们要说现代的自己的话，用活着的白话，将自己的思想、感情直白地说出来。但是，这也要受前辈先生非笑的。他们说白话文卑鄙，没有价值；他们说年轻人作品幼稚，贻笑大方。我们中国能做文言的有多少呢，其余的都只能说白话，难道这许多中国人就都卑鄙，没有价值的么？至于幼稚，尤其没有什么可羞，正如孩子对于老人，毫没有什么可羞一样。幼稚是会生长，会成熟的，只不要衰老、腐败，就好。倘说待到纯熟了才可以动手，那是虽是村妇也不至于这样蠢。好的孩子学走路，即使跌倒了，她绝不至于叫孩子从此躺在床上，待到学会了走法再下地面来的。

青年们先可以将中国变成一个有声的中国。大胆地说话，勇敢地进行，忘掉了一切利害，推开了古人，将自己的真心的话发表出来。真，自然是不容易的。譬如态度，就不容易真，讲演时候就不是我的真态度，因为我对朋友、孩子说话时候的态度是不这样的。但总可以说些较真的话，发些较真的声音。只有真的声音，才能感动中国的人和世界的人。必须有了真的声音，才能和世界的人同在世界上生活。

我们试想，现在没有声音的民族是哪几种民族？我们可听到埃及人的声音？可听到安南、朝鲜的声音？印度除了泰戈尔，别的声音可还有？

我们此后实在只有两条路：一是抱着古文而死掉，一是舍掉古文而生存。

无力感，不是你颓废的理由

在民国那个颠沛流离的环境下，面对国家的窘迫、民生的凋敝，个人很容易产生强烈的无力感。所谓无力感，就是对现实不抱希望。一个热血青年，从学校走进社会，怀揣着一颗改造社会、报效国家的雄心，投身于建设社会当中。慢慢地，却发觉所有的努力对于社会现状的改变是如此微不足道，任谁都会产生无力感。

在无力感的影响下，青年人开始迷惘，不知道自己的努力有什么价值，开始怀疑自己是否在做无用功。渐渐地，他开始学会沉沦，遇到不平事也表现出一种见怪不怪的神情，不再试图改变社会，不再试图做任何“徒劳”的努力。就这样，年轻人被改造了，一个充满激情的青年变成了一个慵懒的迟暮者。

这决不是危言耸听，而是经常发生的事情。一般来说，对社会充满热情是年轻人的共性，但受打击也是不可避免的。在社会的打击下，屡次努力而又无功而返之后，年轻人一般都会有种无力感。这不仅仅是普通人，就连一些大众熟知的名人，也曾经有过同样的经历，譬如鲁迅先生。

二十世纪初期，新文化运动在北京如火如荼地展开，作为北大的教授鲁迅先生却好像置身事外一样，每天在他寄居的绍兴会馆闲坐，没事儿就抄写一些古碑文，辑录些旧诗文消遣。

而此时，鲁迅先生的好友、《新青年》杂志的编辑钱玄同正在为杂志筹稿，时常来先生处闲坐。有一次聊到先生的无所事事时，钱玄同问：“你抄了这些有什么用?”“没什么用!”先生回答。“那你抄它是什么意思呢?”“没有什么意思。”“我想，你可以做点文章……”钱玄同试探性地问。

鲁迅先生懂了好友的意思，环顾中国社会的境况，不禁叹息道：“假如一间铁屋子，是绝无窗户而万难破毁的，里面有许多熟睡的人们不久都要闷死了，然而是从昏睡入死灭，并不感到就死的悲哀。现在你大嚷起来，惊起了较为清醒的几个人，使这不幸的少数者来受无可挽救的临终的苦楚，你倒以为对得起他们么?”

“然而，几个人既然起来，你不能说决没有毁坏这铁屋的希望?”钱玄同反问。

面对好友的反问，鲁迅先生沉默了。是的，鲁迅一直苦于自己努力很可能是徒劳的，对社会感到很失望。然而，如果说完全没有希望，也绝对谈不上，希望在于将来，而不在于现在，不能因为自己的努力没有作用就说没有希望。

鲁迅先生最终答应了钱玄同的要求，很快写了一篇文章交给了好友，这篇文章就是著名的《狂人日记》。从此，鲁迅先生一发不可收拾，毅然决然地走上了一条为“叫醒”中华民族而不懈努力的坎坷之路。

不能因为无力感就说完全没有希望，不能因为现在的无而抹杀未来的有，这个信念支撑了鲁迅先生，促使他最终“站”了起来。

我们看鲁迅先生的杂文，嬉笑怒骂中，总能发现先生对这个国家这个民族的真挚的爱。但这种文字对于当时的社会有多大的用处呢？先生自知不多，却并未因此而停止，他的文章像匕首、投枪一样刺向社会的阴暗面。鲁迅先生终其一生，也没有看到社会因为他的文章而发生实质性的改变，但他的文章却唤醒了无数热血青年。

当下的我们，虽然不用再经历民国初期那种颠沛流离，但内心的无力感却优胜那个时代。看看我们身边的朋友，沉迷于网络的，醉心于游戏的，将虚拟的世界当成真实的生活，甚至经受不住现实的打击而变成犬儒主义者，丧失了理想，这些都是源自生活当中的无力感。

鲁迅先生告诉我们，无力感是人的共性，伟大的人不是生来就伟大的，他们只是能够战胜内心的无力感，在挫折面前永远保持一颗坚韧而激情的心，即便遭受再大的打击也决不沉沦。如果说，鲁迅先生教会了我们什么，那就是他那种坚韧的战斗意志，即便前路再艰险，即便努力再徒劳，也不放弃梦想。

被击倒一百次，站起一百零一次

一个男孩子已经十六七岁了，却一点没有男子汉的气概，很多人说他就像一个柔柔弱弱的女生。为此，孩子的父亲甚是苦恼。在朋友的推荐下，父亲领着儿子去拜访一位拳师，希望拳师能够帮他训练儿子，好让儿子能够重塑男子汉的气概。拳师把孩子留了下来，让孩子的父亲半年后再来，到时候他的儿子一定能够变成一个真正的男子汉。

半年的时间很快就过去了。父亲来接儿子。拳师特意为男孩安排了一场拳击赛，以此来向这位父亲展示他儿子在这半年时间里的训练成果。与男孩对打的是一位经验丰富的拳击教练，教练一出手，男孩便应声倒下。然而，男孩很快就站了起来，继续打下去。就这样，男孩不停地被打倒，又不停地站起来，如此高达 20 多次。

站在台下观战的拳师问男孩的父亲："你觉得儿子的表现够不够男子汉气概？"

父亲伤心地说："我简直无地自容，没想到经过半年的拳击训练，他还是这么不经打，被人一下就打倒了。"

这时拳师意味深长地说："我想你应该换一个角度来欣赏你的儿子，你刚才说的只是表面上的胜负，并没有看到儿子倒下去又站起来的勇气和毅力，而这才是真正的男子汉气概啊！"

有句话说的好，你可以将我打倒，却不能将我打败。没有一个人在人生的道路上是永远都不会跌倒的，成功并不在于从不跌倒，在于每一次跌倒后都能爬起来。

只有被别人击倒过并勇敢地站起来的人，才有资格说自己是坚强的。挫折犹如破茧而出时的疼痛，没有经历过破茧之痛的蝴蝶是不能飞起来的，同样地，没有摔倒过的人也称不上是真正的勇者。人生本就是一个跌倒了再爬起来的过程，是勇往直前的强者之旅。

尽管每一个人都期望一帆风顺、畅通无阻，然而在现实面前是不可能的。与其期待虚无缥缈的幸运之神，不如重新站起来，主宰自己的人生。

挫折与打击其实是人生的一笔财富，没有经受挫折的人生，是黯然失色的。遭遇挫折并不意味着遭遇不幸，适时的打击会让我们停下疾行的脚步，静下心来认真思考人生，也就是说，打击会使我们变得聪明，变得坚强，变得成熟，变得完美。当然，前提是我们要经得住打击，能够再一次站起来。

1925年8月，教育总长章士钊非法解散了北京女子师范大学，鲁迅先生因与多数教职员建立校务维持会的组织而被章士钊违法免职。鲁迅对此表示不满，他认为章士钊是在滥用职权，随后鲁向主管行政诉讼的平政院投递诉状，控告章士钊。次年1月，新任教育总长易培基取消了对鲁迅的免职处分，教育部佥事职务恢复。2月，平政院方面作出裁决，正式取消章士钊对鲁迅的处分，判定鲁迅胜诉。就这样，鲁迅在这场“冤案”中获得平反，又能挺起胸膛站在北京各大高校了。

后来，鲁迅先生辗转于厦门、上海，当时他已是一个响当当的名流了，免不了会被邀请进行演讲。鲁迅演讲时总能旁征博引，妙趣横生，所以常常被掌声和笑声包围。有一次，他从上海回到北平，北师大请他去演讲，题目是《文学与武力》。当时，报上有不少攻击鲁迅的文章，很多学生看到后愤愤不平。鲁迅在演讲中说：“有人说我这次到北平是来抢饭碗的，是卷土重来，但是请放心，我马上要卷土重去了。”此话一出，顿时引得会场上笑声一片。

聪明人不但能够从挫折中明白一些道理，更善于从别人的失败中总结经验教训。尽管鲁迅的类似遭遇可能不是我们能遇到的，但是鲁迅肯的“卷土重来”，然后又“卷土重去”的精神却是值得我们学习的。

人生就是如此，无数次的“卷土重来”才是生命的真正价值所在。也许，你曾经在某处遭遇了不公的待遇，但是只要百折不挠，终将迎来灿烂的明天。

愤慨不公平，只会成为你进步的障碍

没有绝对公平的世界，如果总是为自己遭受的不公愤慨不已，那么你就失去了反败为胜的机会。愤慨不公不仅不能令你摆脱当前的糟糕境遇，过激的情绪反而会成为你进步的障碍。不公从来不会因为抱怨而消失，强权者反而会对反抗者愈加打击，如此一来反倒得不偿失。

其实，这个世界上的不公平是很正常的事情，站得越高的人越明白这一不成文的道理，看得越远的人越是能够看得开这世界上每天都在发生着的不公平的事情。要知道，不公平才是真实的社会。这也许正是为什么一些科学家、法学家、企业家最终选择皈依宗教寻求安宁的原因吧。

或许，这些人曾经也在很努力地想要通过自己的双手创造一个绝对公平的世界，但是当他们的努力达到一定高度的时候，却发现，站得越高，看到的不公平的事情就越多，甚至有时候不得不面临两难的抉择，无法在不伤害任何人的情况下结束一些矛盾。所以，当他们看到了太多不公平的事情的时候，也就渐渐看开了，不再过于执着了。

梁启超在戊戌变法后精神沮丧，后来希望从佛法中得到解脱，于是开始研读佛法。经过一段时间的研究后，他不禁拍案惊奇：“社会既屡更沮丧，厌世思想不期而自发生。对于此恶浊世界，生种种烦懑悲哀，欲求一安心立命之所。稍有根器者，则必逃遁而进于佛。”

当然，要想不再纠结于发生在身上的不公平的事情，不一定非要遁入空门，从此与世无争。只要肯在不公面前长舒一口气，不再去跟这个纷乱的世界计较，那么你就能和谐地与这不公的世界长久地相处下去。

鲁迅先生是一个十分风趣的人，在他身上发生过许多趣事。他懒得理发，往往一忙起来数月不理。对此，朋友们开他玩笑说：“豫才，你的‘地球’怎么还不削一削？多难看！”听闻别人的戏谑，鲁迅一本正经地说：“噢！我掏腰包，你们好看！”说着，他就把空空的腰包

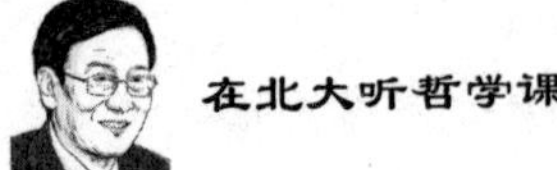

掏出来给大家看。

在厦门大学教书时，有一天鲁迅先生穿着一件破旧的衣服上理发馆理发。理发馆的师傅非常势利，见鲁迅穿着随便，便对他爱答不理，随随便便理一下。理完后，鲁迅从口袋里胡乱抓了一把钱给了理发师，然后头也不回地走了。接过钱的理发师傅仔细一数，发现多给了好多钱，不禁偷笑了起来，以为自己看走了眼，这个穿着破旧的人原来是个低调的有钱人。

一个多月后，鲁迅又来剪头发。理发师傅一眼就认出了他，所以这次对他十分客气，很小心地给他理发。一边剪着一边还询问鲁迅的意见，直到鲁迅感到满意为止。理完发付钱，鲁迅开始很认真地数钱，把钱数了一遍又一遍，一个铜板也没有多给他。

理发师傅不解地问他为什么。鲁迅笑着说："上回你胡乱地给我理发，我就胡乱付钱给你，这次你很认真地给我理，我就很认真地付钱给你!"听到这话，理发师傅不禁觉得十分惭愧，只好连忙道歉。

面对势利理发师，鲁迅没有当即表示抗议，而是用自己的智慧将理发师好好地戏谑了一番。其实很多时候，我们遭受到的不公就像理发一样，不过是一件很小的事情，完全没有非讨回公道不可的必要。太过计较一些可有可无的小事情，只会令你徒生烦恼，也很难得到一个你想要的所谓的交代。

与其让一件不愉快的小事惹得你大动肝火，不如当个冷笑话一笑置之。面对不公，无论抱怨或是不抱怨结果都是一样的，关键在于怎么对待这些不公平。也就是说，学会如何面对不公平，远比学会如何评价不公平重要。只有明白不公平是生命中的契机，是用来磨炼自己的，这样就能坦然接受，然后冷静地处理。也只有这样，人生才能在不公平中趋近完美。

嚼得菜根百事可成

在明代作家洪应明所著的《菜根谭》里，有这样一句话："咬得菜根，则百事可做。"菜根，顾名思义，即青菜的根，如萝卜、番薯、芋头等粗食。咬得菜根，意思是说能够承受得起艰难困苦。洪应明在淡淡乏味的菜根中看到了坚韧的生存品质，看到了修身处世不可缺少的精神食粮。

毛泽东将书中的思想理念总结为一句话："嚼得菜根者，百事可成"。可以说这句话将"菜根精神"归纳得非常到位，但是很多人并没有完全领会到"菜根"哲学。很多人将这句话简单地理解为"能够过得了苦日子的人，就什么困难也能克服"，这无异于我们常说的"吃得苦中苦，方为人上人"。

"嚼得菜根者，百事可成"这句话可分三个层次来理解：第一层，如何处世，回答是"守得住清贫，耐得住寂寞，挺得过困难，坚守住信念"；第二层，如何修身，回答是"如何守住清贫，如何耐住寂寞，如何挺过困难，如何坚守信念"；第三层，如何修性，回答是"如何长期守住清贫，如何在顺境中耐住寂寞，如何在逆境中活出自我，如何始终如一地坚守信念"。

不要以为这仅仅是三个递进关系的排比句，其实这三句话正是走好人生路的关键三步。这是一句励志箴言，将我们面对困难时所要有的心态给归纳了起来，对我们着实是有"艰难困苦，玉汝于成"的教化作用。

面对纷繁的凡尘琐事，只有拥有那种咬得菜根香的清心和毅力，才能永远保持一份平和的心境，在困难中磨炼坚韧的意志。不仅如此，有人常说"布衣暖，菜根香，读书滋味长"等，其实这些关于人

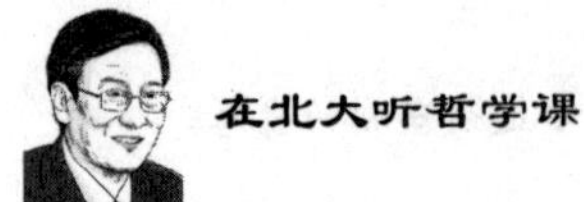

生的至理名言，都是对传统生活方式以及平民化生活的真实写照。

洪应明“吃菜根”，鲁迅的嘴也没有闲着，只是他吃的不是菜根，而是辣椒。在江南水师学堂读书时，有一次鲁迅的期末考试成绩优异，学校发给他一枚金质的奖章。当时鲁迅非但没有把奖章作为自我炫耀的资本，反而想到了吃。他拿着奖章跑到鼓楼街卖了，出人意料地买了一大串红辣椒。

从此，每当他读书至夜深人静、天寒人困时，就摘下一只辣椒，截成几段，放进嘴里咀嚼，直嚼得额头冒汗，眼里流泪，嘘唏不已。如此一来，他才觉得周身发暖，睡意全无，然后再聚精会神地捧书而读。我们现在看来，也许会有几分可笑之处，但是想到鲁迅少年时竟会用功到此种地步不得不佩服其精神。

人生就是如此，吃得苦中苦，方为人上人。也许很多成功人士在我们眼中就好似是随随便便就成功了，但是在他们默默无名之时，吃苦也是非常人能比的。

当然，我们并不一定要大富大贵，出人头地，安贫乐道，不贪恋荣华富贵也不失为另一种朴实无华的人生。从这一角度来讲，“菜根”精神隐藏着另外一种与世无争的人生哲学，提示我们在“清苦”的境遇里磨炼心性，厚积薄发，只有经得起“嚼菜根”的辛苦，方能承担得起成功路上的艰难困苦。

鲁迅的弟弟周作人在他的饮食美文《咬菜根》中说道：“……这些菜的根是大可以吃得的，尤其腌了久藏不坏，它的用处实在很大。萝卜的腌制品我是百吃不厌的，这自然有条件，要我的牙齿还好的时候。南京于萝卜头之外有萝卜鲞，我尤其喜欢，虽然前清时在学校里咬了五六年，可是感情还是不恶。后来得见福州的黄土萝卜，于是极好，只可惜远在华南不可常得。”

看似难以下咽的菜根，其实也是饱含营养的。正如看似困住了我们前进脚步的困境，其实也是具有一定的价值的。如果一个人一路走来顺风顺水，那么他就不知道自己的船是否能够经得起前方的风浪，不知道自己驾驭船只的能力怎样，在不知道自己真实实力的情况下贸然驶向大洋彼岸是极其危险的。因为没有经历过风雨考验的人往往没有多少抵御暴风的经验，一旦大洋中遭遇暴风雨，很有可能会落得个船毁人亡的悲惨结局。而只有经历过大大小小风雨的人，才有横跨大洋的强大实力。

克制是一种境界

克制是一种修养，一种为人处世的哲学。

人这一生中会面对不少诋毁、刁难和误解，可以说，这些都是每个人必定经受的事情。在家庭内部、同事、朋友、邻里之间，熟识的和陌生的，有意的和无意的纷争，连绵不断。对于这些鸡毛蒜皮的小事，总是为逞一时之快，斤斤计较，得理不饶人，这样做往往不仅不利于矛盾的解决，反而更容易将矛盾激化。

不少夫妻之间因为一点误会而大吵一场，甚至离婚的家庭比比皆是。仅仅是为了赌一口气而离婚，过段时间之后气消了，后悔了，但两人之间的感情再也回不到过去了。因为不克制，给我们带来遗憾和伤害的事情着实不少，与其事后懊恼不已，不如当时克制一下过于激动的情绪。

我们需要好好培育自己克制的品质、大度的胸怀，遇到冲突和纠纷不能方寸大乱，要时刻提醒自己保持应有的冷静和风范，遇事冷静三秒再做决定。在非原则问题上，最好的办法是不要斤斤计较，回眸一笑不失为人生的一种洒脱。

克制不是一味地逆来顺受，对所有的不公忍气吞声，它是处事时的一种平和心态。正如我们经常说的，不要拿别人的过错来惩罚自己。有时候别人或许是别有用心的，如果你生气、大发雷霆，那你就上当了，落入了圈套。在冲突面前，最忌讳的就是当众指责，甚至破口大骂，把自己成为骂街泼妇，斯文扫地。

克制并不是纵容别人，而是不伤害自己。

鲁迅先生对人就比较能忍让，这既为他带来了好名声，又让他的生活得以平静。鲁迅住在上海北四川路期间，家里有一个善良淳朴的老保姆。保姆工偶尔会犯一些小错误，这时鲁迅不仅不多加呵斥，反而想到她对孩子很慈祥的样子，不由得想起长妈妈来，所以觉得甚是亲切。

鲁迅要孩子叫她姆妈，从来不许直呼其名。每当大家走向饭厅吃饭的时候，保姆就来到鲁迅写作兼卧室的一间大房间里，做清洁工作或带孩子在这里玩耍。有一天，当所有人吃完饭回到房里时，看见她和孩子玩得正欢。她正在阳台上和孩子一页页地吹纸片，说是放鸢，孩子看到纸片在窗外飞舞显得很高兴，央求着再来一个，再来一个。

在孩子的欢笑声中，鲁迅看到的却是令他心疼的一幕。他摆放在书架内的一本书已经被老女工撕去了大半本，全用来做蝴蝶和纸鸢了。鲁迅意识到后连忙拦阻，才保住了被撕的还剩一半的书。因为保姆是文盲，根本就不知道书的内容，更不了解鲁迅视书如命的脾气，她就是只图博得小孩子欢喜，哪知道是在撕鲁迅先生心头的宝贝。尽管书被她撕毁了一半，但是鲁迅体谅她，知道是无心之失，也就没加以责备，只是以后不可再这样做了。

某一天，鲁迅邻居家有人搬走了，保姆照往常习惯，仍然领着孩子去玩，回来时捎回一本人家遗下不要的破书，准备给小孩玩。鲁迅无意中接过来一看，竟是《夏娃日记》。鲁迅不由得被那精美的莱勒孚的五十多幅插图和作者马克·吐温的笔调迷住了，顿时爱不释手地翻了又翻地看个没完，后来还专门托人翻译了全书。

如此爱书的鲁迅面对没有文化的保姆撕坏了自己心爱的藏书，不仅没有大发雷霆，反而觉得情有可原，也许正是因为鲁迅的这番克制，才使得他后来得到一本《夏娃日记》。

大凡有所作为的人一定是个有克制之美德的人。自我克制力强的人往往是生活的强者和命运的主宰者。他们因克制而逐渐锤炼出坚强的意志，从而才能抵御各种诱人的欲望；因克制，才能做到处事沉稳，泰然自若，刚直不阿，恪守人生原则的防线；因克制，才能更好地化解意想不到和纷至沓来的纷扰和纠葛，避免不必要的争端，从而以优雅的姿态笑对人生的考验。

既在矮檐下，低头又何妨

没有谁可以独自一个人闯荡天下，任何人都不可能单独做好所有事情，也不可能永远都不需要别人的帮助。当遭遇困境，身在别人的屋檐下的时候，与其为了一文不值的面子，拒不接受别人的帮助，或是跟能够帮助你的人闹僵，不如暂时低一下头，弯一下腰，低调一些，你会发现，更多机会就在眼前。

也许，你会觉得当众低头有伤尊严，会被别人耻笑，但是你应该知道，一个人的尊严可以分为内在的尊严和外在的尊严。外在的尊严是做给别人看的，一个人如果到最后能够取得耀眼的成就，那么任谁也不会再嘲笑他当年的屈辱了。相反，人们反而更加赞赏他那种忍辱负重的勇气。一个人内在的尊严是自己给的，只要你在任何情况下都不放弃自己，即使不得不委曲求全，你的尊严依然可以为你提供坚持下去的动力。

内在的尊严是一个人尊严的起点和基础，一个人只有有了自尊，才能真正获得别人的尊重。设想一下，如果一个人因为上司的微笑就昂首挺胸，因为别人的白眼就垂头丧气，那么这个人还有什么尊严可言？所以，一个人要想真正获得别人的认可，就要先认可自己的行为，既能在屋檐底下低下头去，又能在强权下直起腰来。

当你还没有足够实力的时候，适时地低头是为了积蓄力量，是一种忍辱负重的坚忍。而当你被强权威逼利诱的时候，该有骨气的时候就应拿出反抗的勇气，能屈能伸方为大丈夫。也就是说，在身处困境的时候，能够清醒地认识自己的价值，不要自贱，更不要自暴自弃，亦不能意气用事，有勇无谋。

既在矮檐下，暂时低头又何妨？要想取得成功，就要在逆境中看清形势，适当地降低姿态。倘若拘于一时的尊严，与成功失之交臂，那真是得不偿失了。当然，低头并不意味着就此顺从，失去自己。低头是为了有一天更好地站起来，所以，在低头的时候应该将当下的屈辱化作此后奋发图强的动力，在人前低头，在人后努力。

不要计较于别人对你的傲慢、轻视、侮辱，也不要抬不起头来，更不要觉得自己的尊严受到了损害。在众人面前丢了面子，虽然是可耻的事情，但是在成功者的人生经历中却是无伤大雅的，人们看到的是一个人漫长的奋斗之路，而不是一时为了保全自己而受的屈辱。所以，不要因为在人前低头就丧失了前进的勇气，退缩不前。

鲁迅先生身上曾经发生过这样一件事情，有一次，英国工会的总书记来到上海，特邀鲁迅先生见一面。鲁迅来到约定的大厦，等着坐电梯，而那个开电梯的中国人看着鲁迅衣衫朴素，并非名流，就冲着鲁迅说，这里不是你来的地方，到那边去。鲁迅先生被当众羞辱了一番，他倒是没有生气，只好悻悻地来到楼梯口，一步步从楼梯爬上了七楼。后来，有人从别人口中听闻这件事情，就问鲁迅是不是真有这回事。听闻别人再次提及自己当时受辱之事，鲁迅依然丝毫没有生气的样子，他不以为意，面带微笑地回答说："是有这么一回事。"

是不是受辱不是别人说了算的，如果你全然不将此事放心上，那么就没有受辱之感了。鲁迅之所以会再次被问及此事，想必当日的事情是他当成玩笑话自己说出去的，否则别人又怎么知道。也许正是因为他没怎么在意，所以别人也就未将其当成是鲁迅受辱之事，从而可以当面详问当日的事情经过。

有人说，受得起多大的赞美，就要经得起多大的诋毁。其实一个人的价值并不会因为别人的诋毁、羞辱之言就大打折扣，一个人受人尊重的程度只会在赞美声中越来越高。所以，你要内心强大，既经得起不实的诋毁，又经得起言过其实的赞美，清楚地认识自己，胜不骄，败不馁，把别人看待自己的眼光与自我认知区分开来，做自己想做的事。

惧怕困难，只能被困难击垮

被困难挡住前行的道路，与其畏缩不前，一事不做等着自己被困难击垮，不如直截了当地面对，勇敢前行，纵使再险峻的山峰也会有登顶的一天。

困难面前，最忌讳的就是抱怨不休、垂头哀叹，不敢直面。风浪来袭，你缩在船上不敢掌舵前行，劈风斩浪，昂头挺胸给予迎击，那等待你的命运就只能是被风雨掀翻船只，坠落深海。

人生来就是与困难作斗争的，这是也人类存在的意义，也是人生的价值所在。如果在我们的一生里总是奴颜婢膝、唯唯诺诺地匍匐混世，那么老眼昏花的那一刻，还有什么值得炫耀的事迹来讲给自己听。年轻是用来创造奇迹的，用来证明自己的。面对困难拿出力量对付它，当我们在逆境中直起腰杆的时候，会觉得它们所能给予我们的

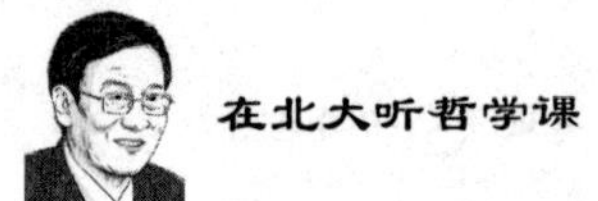

阻挠远不及想象中难度的一半。

英国有位将军叫杜多尔，他率领的英国第五军遭遇德军凶悍攻击。面对敌众我寡的局面，杜多尔将军坚守不动，静候机会出现，最终适时抓住机会扭转战局，将德军彻底击败。有一位作者写道："杜多尔给予我的印象犹若一个铁栓，锤入坚冰硬地，不动不摇。这正是杜多尔将军的勇猛之处，面对力量悬殊的败军之势，他依然岿然不动，拒不退缩。他懂得怎么面对艰难，只要面对着它就行，只要不让步、不妥协、不后退就行，困难终会不攻自破。再攻无不克的铜墙铁壁，经受着日积月累的攻击，总有一方面要破的，而被破碎掉的绝不会是你，因为你已经在迎击困难的同时变得越来越强大了。"

鲁迅虽然只是一介书生，但他决不是一个庸弱无能、面对挑战毫无还手之力的书生。一次，国民党的一个地方官僚禁止男女同学同泳。鲁迅看不惯，于是讽刺说："同学同泳，偶尔皮肉相触，有碍男女大防。不过禁止以后，男女还是同吸着天地间的空气。空气从这个男人的鼻孔呼出来，被那个女人的鼻孔吸进去，又从那个女人的鼻孔呼出来，被另一个男人的鼻孔吸进去，简直淆乱乾坤。还不如下一道命令，规定男女老幼诸色人等，一律戴上防毒面具，既禁空气流通，又防抛头露面!"鲁迅义正词严地一口气说完了这段话，他一边说着一边还不忘模拟戴着防毒面具走路，周围的人不禁笑得前仰后合。

鲁迅先生对腐朽文人向来是不留情面的，他就是这样一个不怕得罪人的"怪人"。只要是他看不惯的事物，必定声讨笔伐，决不退让。在鲁迅的众多文章中，似乎整个文化界、知识界都是他的前世冤家。徐志摩、胡适、郭沫若、林语堂、梁实秋、成仿吾等名家也无一幸免，他们都曾受过鲁迅唾沫的"照顾"，尝过被鲁迅骂的滋味，甚至就连与文学不怎么搭界的地质学家李四光也曾与他打过笔墨仗。在鲁迅先生的眼里，没有什么是值得惧怕的，再权威的名家，再声名远播的文人墨客，他都敢于拿起笔，同他们斗争。

迎难而上是一种敢于斗争的勇气，但不是鲁莽行事的意气之举。遇到困难需要拿定主意予以迎刃而解的时候，也正是考验一个人智力与勇气的时候。因此，在困难面前需要冷静地分析自己的当前所处的形势，要清楚自己是否有迎难而上的能力。当然，这需要你拿出积极的勇气，敢于挑战自己，在且战且行中锻炼自己，一旦成功则有天下无难事之感。

我们无论遇到什么样的境遇，都要安之若素，不为困难所败。勇敢迎战，奋然前行，这种动力足以令我们信心倍增，获得战胜困难的动力。

对于勇敢自信的人来说，挫折和苦难更能激发他们奋发向上的斗志和豪情，使他们得以在逆境中愈挫愈勇；而缺乏自信和勇敢精神的人，面对挫折往往自甘沉沦，一蹶不振，主动放弃。可见，高度的自信可以唤起战胜挫折的勇气，调动自身全部的能量与挫折搏斗，使我们可以在与挫折的较量中，变得强大，而挫折则相对地愈显渺小。

可以说，苦难是坚强者磨炼意志的磨刀石，是懦弱者自甘堕落的滑梯，所以要战胜挫折，必须有坚强的意志和高度的自信心。勇敢和自信就像人生的一双翅膀，只有展开双翅，才能搏击长空。

逆境和挑战能激发生命的力度

有一位智者讲了这样一则寓言故事：人类在出现以前，上帝俯瞰世间，觉得海水太冷清，于是决定造鱼来增添活力。同时，为了解决鱼自身的平衡和海水的压力问题，他给每条鱼的身上安上一个鳔。就在上帝以为造完了，离开之时突然意识到忘了给鲨鱼造鳔，可是当他再次返回海面的时候，鲨鱼已经不见了，而它没有被安上鳔。上帝有

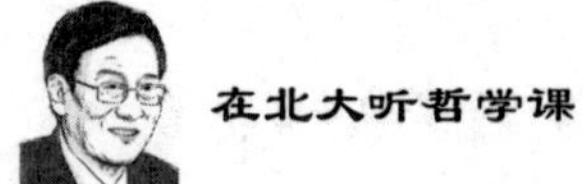

些惋惜，但已经无可奈何，心想：看来那可怜的家伙只能自生自灭了。若干年后，上帝路过海面，他想查看一下鱼儿的生存状况，于是便召集所有的鱼类前来。上帝问：“你们谁是当初的鲨鱼?”这时，一条大鱼吓跑了周围的鱼群游了过来，说：“我就是鲨鱼!”上帝见状很是吃惊，便问：“你没有鳔，为何能活下来，还这么凶猛强大?”鲨鱼回答说：“正是因为我没有鳔，为了生存，我就必须不停地游动来保持身体的平衡和减轻压力。因为我别无选择，只有依靠自己在最艰苦的环境中求生，因此才磨炼得这样强大!”

正是因为鲨鱼深陷严峻的生存压力中，所以它才不得不拼命地游动，从而激发生命的力度，最终才得以从众多安乐的鱼儿中脱颖而出，成为深海霸主。

我们也会有像鲨鱼一样有遇到挫折的时候，这时候不妨像“没有鳔”的鲨鱼勇敢地挑战自己。当我们别无选择的时候，千万不要失去原来拥有的自信，不要逃避、屈服、自怨自艾地把自己引入歧途。只有选择相信自己，在绝境面前保持勇敢、坚强、乐观、积极的心态，就没有人能够伤害到自己。永不停止地向前“游走”，只有这样，再大的困难也会因勇敢望而却步。只有彻底战胜了“心灵逆境”，才能蜕变成生活的强者。

很多时候，成败并不取决于困难的大小，而是取决于面对困难时的勇气。与困难相比，更坚强的是我们战胜困难时的生命力度。人生不会一路坦途到底，在坎坷中，首先被击垮的不是人的身体，而是意志。

苦难并不可怕，可怕的是没有认识到苦难本身蕴含着的机会，没有最大限度地激发自己的潜能。如果你认为困难是一道减法题，那么你的生命在困难面前就只有不断被削减的份儿，它将减去你所有的一切，包括生命。如果你认为困难是一道加法题，那么在战胜困难的同时，就是你在不断挖掘自己勇气的过程，当战胜困难时，你会发现自己已经成长为连自己都不敢相信的勇士了。

1902年，心怀抱负的鲁迅先生东渡日本，两年后怀着“科学救国”的梦想，进入仙台医学专门学校。那时，他一心希望毕业以后能够回到祖国救治像父亲一样被误诊的病人。

在仙台，鲁迅虽然遇到了像教解剖学的藤野严九郎先生那样关心自己的老师，但是在当时的战争背景下，仍然不时会受到歧视。令鲁迅先生记忆犹新的是，有一次课堂里放映记录日俄战争的幻灯片，看到一个替俄军当侦探的中国人被日本军队捉住杀头，鲁迅赫然看见当时旁边竟站着一群中国人围观，就像同胞的死与自己毫无关系一样。看到这一幕，鲁迅受到极大的刺激，由此他觉得医治精神上的麻木比医治身体上的病弱更重要，改变中国的第一要务是改变中国人的精神，而善于改变精神的方法首推文艺。

经过一番思考，鲁迅决定弃医从文。此后他开始和朋友们讨论怎样才是理想的人性，中国国民性中最缺乏的是什么？病根在哪里？由此开始陆陆续续地走上了以笔救国的道路，于1903年、1907年、1908年发表了一批论文，提出了“立国”必先“立人”的思想，呼唤“精神界之战士”。国难当头，鲁迅先生毅然放弃了学医，走上了另外一条艰难的救国道路，活出了一个全新的自我。

逆境不一定就是绝境，心灵的绝望才是真正的绝境。任何情况下，只要我们不放弃，就一定能够突破自己，以更加坚强的内心走出逆境。正如李嘉诚所说的，“逆境和挑战只要能激发起生命的力度，我们的成就可以超乎自己所想象的。”

第七堂

梁漱溟讲认识自己

梁漱溟(1893—1988)，原名焕鼎，字寿铭，后以笔名漱溟行世，蒙古族，原籍广西桂林，生于北京。中国近现代著名的国学大师、教育家、社会活动家。1911年加入同盟会京津支部，顺天中学毕业后任京津同盟会《民国报》编辑兼记者。1916年应北大校长蔡元培聘请到北京大学任教。梁漱溟先生讲课时，教室里总是人满为患，大家都以听梁先生的课为荣，这当中就包括了当时还是年轻人的毛泽东，其思想影响了很多人的一生。梁先生一生致力于研究人生问题和社会问题，尤其醉心于用儒学来解释中国社会的种种问题，被称为“中国最后一位大儒家”。著有《中国文化要义》《东西文化及其哲学》《唯识述义》《中国人》《读书与做人》《人心与人生》等作品。

知人者智，自知者明

老子在《道德经》中讲道，知人者智，自知者明。智，是自我之智；明，是心灵之明。“知人者”的智慧在于外，是对于别人而言的；“自知者”的智慧在于内，是对于自己而言的。这也就是说，知外不知内，知人不知己，可以将其称之为智者。而只有既知己又知人、内外皆明的人才能称之为心境澄明者。

智，是对外部世界表面现象的理解和认识，具有局限性和主观片面性；明，是对世界本质的认识，具有无限性和客观全面性。所以，智者不一定是有自知之明的人，也许他们很聪明，但是他们却看不清自己，对自身认识不足，很容易因为自我怀疑或是自负而导致本该走向成功的事情反而走向失败。而自知者就不一样了，他们对自己的能力有一个正确的估量，所以在做决定之前总能够拿出一个适合自己的恰当想法。正所谓，欲求真知灼见必返求于道。只有自知之人，才是真正的觉悟者。

对此，孔子也说：“胜人者有力，自胜者强。”意思是说，能战胜别人的人有力，能克制自己的人才算刚强。

常言道“人贵有自知之明”，但是要真正做到这一点并非易事，毕竟用我们的眼睛解剖别人容易，看清自己，解剖自己却很难。看清自己就是“觉悟”，这是佛法中的一种至高境界，由此可见，要想磨炼出看见自己的内心的能力有多难。自知，其实就是一个关系到人生如何定位的问题。一个人只有清楚地知道自己该坚持什么，该放弃什么，在大千世界中清楚地找到自己的位置，才能走出一条真正适合自己的道路。

梁漱溟先生虽不苟言笑，但是极其喜欢同别人讨论一些深刻的问题，也爱好书法，但他最大的爱好就是一个人思考问题。梁漱溟对自己的评价是一个有思想且本着自己的思想去行动的人，这一点也许正是他在独立思考时得出的一个对自己最为贴切的认识。每隔一段时间，梁漱溟就会躲起来安静思考、潜心推究。思考问题时，他常常因为太过兴奋而陷入失眠的状态。对于梁漱溟来说，只要他的脑子一开动起来，不得出一个令他满意的答案，思绪是很难刹住车的。也正是因为如此，后来他到北大教书时，就曾因为一度失眠，向学校提出过辞职。

为往圣继绝学，为来世开太平。在 1955 年 7 月的时候，梁漱溟先生开始写《人心与人生》的自序。梁漱溟的儿子回忆说，这年初夏，与父亲同游北海公园，当时父亲说起他即要动手写的《人心与人生》，当时他以平静而深沉的声音说，“这本书不写出来，我的心不死！”当书完成以后，梁漱溟在给朋友的信中说：“今日可死而轻快地离去。”

梁漱溟之所以说他可以轻快地离去了，想必是因为他在《人心与人生》一书中找到了真正的自我，实现了此生的目的，所以才会显得如此了无牵挂，轻松自在。

许多人在迷茫时会思考这一生该怎么度过，什么才是自己真正想要的，可是不仅没有找到问题的答案，反而在企图找到自己的道路上越走越远，甚至走上了一条相反的道路。晚年回过头来思考时，发现不顾一切得到的却并不是想要的，然而时至白头，所有的后悔都已经于事无补。

一个人之所以会走上一条与自己的心意相背离的道路，究其原因是因为没有认识自己，只是跟着人群随波逐流罢了。要想避免误入“歧途”，就要在做决定前先问问自己，这是不是自己想要的？是不是真正适合自己的？越是面临重大的决定，越要对自己明察秋毫，了如指掌，才能审时度势，千万不要受私欲和心境的影响。只有这样，我们才能客观地审视自己，驾驭自己，才能在人生战场上知己知彼，百战百胜。

吾日三省吾身

《论语·学而》中曾子曰：“吾日三省吾身，为人谋而不忠乎？与朋友交而不信乎？传不习乎？”可以说这句话是认识自己的经典哲学。经典是什么？经典就是告诉我们一种非常简单的生活道理。每个人都希望活出最好的自己，实现当初的理想。然而，当我们为之努力时，却发现我们缺少的常常不是理想本身，而是到达理想的方式。

理想很高远，而通往理想的路，则要脚踏实地，一步一个脚印。要想通过自己的力量达成所愿，就要时刻反省自己。那么，怎样从内心去反省自己呢？

《论语》中提到君子应“日三省乎己”。当然，这里“三”并不是一个具体数字，是多次、反复的意思。也就是说，一个人要想认识自己，就要每日反复反省自己的一言一行，要一遍一遍地问问自己，哪些事还没做到？哪些事做错了？

“为人谋而不忠乎”的意思是说，你在社会上给别人做事，真的做到尽心尽力，忠于职守了吗？世道纷纭，同事之间钩心斗角，心为外利所动，几乎失去了真我；物欲横流，乃至人心不古；为达成自己自私的愿望，而忽略了内在的诚信。似乎每一个人都已经不值得信赖了。尽管有时候我们信错了人，但绝对不能失信于人。即使别人对我们“不忠”，我们也要对自己忠诚，不能抛却内心的良知，做事情都要对自己的良心有所交代。为了生活，也许我们不得不做些违心的事，但是从大层面上来讲，还是要问问自己的良心，不能违背了对生命的忠诚。

“与朋友交而不信乎”，意思是和朋友在一起，你守信誉了吗？鼓吹自己，信口雌黄的人很多，拍着胸脯说一挺到底的人很多。但是真正到了我们有求于人的时候，多数时候还是会吃闭门羹。谁能保证，别人说的话一定是“一言既出，驷马难追”呢？虽然我们不能保证别人说的每一句话都是真话，但是至少可以保证自己不轻易许下诺言，一旦承诺就要严格执行。这并不是一件容易的事情，需要时常反问自己。

“传不习乎”，意思是说，老师教授的知识，你认真学习了吗？这不仅是一个自我勉励的习惯，也是一个自我成长的习惯。现在想学知识不一定非要远赴千里去拜师学艺，互联网、电视、广播、报纸铺天盖地的信息包围着我们。在这些信息中，我们需要学习的知识有很多。尽管我们能够轻易从各个渠道获得知识，但是这并不意味着每一个人能很好地克制自己，每天勉励自己学习知识。所以，我们要想未来越来越好，就要拿出逛淘宝的时间，学习一些对生活与工作有帮助的知识，并将它们一点一点地融进自己的生命里。当然，学习之后还要复习，不能“左耳朵进，右耳多出”，正所谓温故而知新。21 世纪是一个终身学习的时代，只有把学到的知识融入自己的生命，才不会被这个飞速发展着的时代抛弃。

1953 年 9 月召开的全国政协常委扩大会议上，周恩来总理做了关于过渡时期总路线的报告。小组讨论的时候，梁漱溟与毛泽东的想法产生了冲突。对于梁漱溟的发言，毛泽东很不以为然，并且在此后几天的会议上还针对梁漱溟的言论进行了严厉的批判。

梁漱溟气愤不已，他的牛脾气又犯了，不顾一切地要求发言，甚至与毛泽东进行了激烈的争吵，直到有人要求梁漱溟停止讲话，这场风波才渐渐平息下来。随后，毛泽东给梁漱溟的问题定下了基调：虽“反动”，但不算反革命；要批判，但也要给“出路”。

此事发生的30年后，已经90岁高龄的梁漱溟再次提起时意味深长地说：“当时是我的态度不好，讲话不分场合，使他(指毛泽东)很为难，我更不应该伤了他的感情，这是我的不对。他的话有些与事实不太相合，正像我的发言也有与事实不符之处，这些都是难免的，可以理解的，没有什么。那件事后，我的政协委员照当，生活待遇照旧，也没有受到任何组织处理，我知道那是毛泽东的意思。他已故世了，我感到深深的寂寞……”

连暴脾气的梁漱溟都知道深刻反省自己，又何况是我们呢?

所以，我们还是应该吾日三省，时刻叩问灵魂，等到老友故去，再说抱歉就已经晚了。

虚心接受善意的忠告

一双眼睛终归不能洞察世事，如果这时有人肯走过来给你一个善意的忠告，千万不要把别人的劝诫当成一种有损面子的事情，放下可有可无的虚荣心，虚心地接受善意忠告，细想一下你会发现，人家说的或许真的很有道理，而只要你肯虚心接受，那么你就很有可能会因此而少走不少弯路，甚至直接躲避开跌入绝境的危险。

及时的忠告如雪中送炭，直接拯救人于危难之中。当有人在我们出现问题的时候，及时给予忠告，一定要正视它，在他人意见的基础上寻求解决之道。如此，我们的人生之路才能走得更容易一些。

人非圣贤，孰能无过？我们都清楚，每一个人在性格或在待人处世方面，难免会有一些不曾发觉的死角或是一时疏忽。若在此时，有人从另外一个角度发现我们的缺点，并及时地提醒我们，我们应该衷心感激，并及时改正。所谓朋友之道，贵在善意忠告。

我们都很清楚“忠言逆耳利于行”这个道理，然而在现代社会，为了避免不必要的麻烦，能够直言不讳地指责他人缺点的人日渐减少，所以，如果有人“出言不逊”打击你，这该是值得庆幸的事情。毕竟大部分人在一般情况下都不会愿意冒着惹恼别人的风险提出善意的忠告，更多人抱着独善其身的态度漠视一切。追究其原因，好心对别人提出了一个好的建议，换来的却经常是怨恨与指责，与其“好心当成驴肝肺”遭到别人的冷眼相对，不如不开口的好。

梁漱溟一直倾慕佛家出世思想，长年吃斋茹素，年近三十仍不娶妻。梁父屡屡催逼，梁漱溟一口拒绝毫无商量余地。不料，父亲死后两年，由于做《东西文化及其哲学》的讲演，他渐渐有一种想成家的想法。

梁漱溟人到中年一直未娶，有一次朋友伍伯庸问他的择偶条件，梁漱溟说：“在年龄上、容貌上、家世上全不计较，但愿得一宽和仁厚之人。不过，单是宽仁而缺乏超俗的意趣，似乎亦难与我为偶，所以宽仁超俗而有魄力者，是我所求。这自然不容易得，如果有天资大略近乎这样的，就是不识字亦没关系。”

伍伯庸听后不禁心中大喜，原来伍伯庸夫人的妹妹黄靖贤年届二十八岁，尚未婚配，他当即就跟梁漱溟说了，梁漱溟听闻也愿意相见一面。后来两人见面的时候，黄靖贤的衣着非常不合时样，气度又像个男人，同姐姐伍夫人站在一起，反而比姐姐显得还要大。梁漱溟评价说："凡女子可以引动男子之点，在她可说全没有。"

尽管如此，婚事竟订下来了，并且当年便成亲了。婚后，尽管起先几年磨合欠顺，但是越往后越生出爱意来，是典型的"先结婚后恋爱"。对于此事，梁漱溟后来在《悼亡室黄靖贤夫人》一文中直白："在我实经过了一番考虑。我第一想：我大概不会从交游女朋友中自己择婚的，势必靠旁人为留意；旁人热心帮助我的，自亲兄妹以至远近长辈亲戚亦很多，但究不如相知的师友其眼光可以与我相合。我反问自己，如果当真着重那些性情禀赋的条件，就必须信托师友，而朋友中伍伯庸所说的话，尤值得考量。第二我想：伍伯庸的话，在他自己是绝对真实的，我可以相信。他的观察力假令再有半数以上的可靠，那么，这女子便亦很有可取了……"

从梁漱溟择偶的这件事情上我们隐约看到了中国士子的那股豪气，另外，更重要的是，面对伍伯庸的"善意推销"，梁漱溟竟毫不起疑，对朋友的眼光极其相信。在他看来，朋友清楚自己喜好的，一定不会错的。确实，后来的事实也证实他的确没有信错这个朋友。

梁老就连婚姻大事都能够放心地听取朋友的意见，那么还有什么事情是信不过朋友的呢？其实，越是真正苦口婆心地劝告我们、指责我们的人，越是应该信之任之，当然这也不外乎父母、师长、兄弟、妻子、朋友或子女等。他们的忠告无非都是千方百计地为我们着想，如果连他们的忠告都不能够听取，那我们还能信得过谁呢？

善于倾听反对意见

自以为聪明的人总以为比别人高明，不愿意听取别人的意见，往往做出许多愚蠢的事，而真正聪明的人是善于倾听反对意见的人。当一个人不愿意听反对声音的时候，就是他愚蠢地慢慢走向灭亡的时候。在反对者面前，想保持清醒，就要懂得停下来，听听他人的“恶言”，说的到底有没有道理，特别是关心自己的人，越要听得进去。如果只想听赞美之言，却听不得一句诋毁之词，你就有可能在众人簇拥下失去判别方向的理性和能力。

有些人做事的时候，对于身边的反对声“心不在焉”，做一些不相干的事，没有把注意力放在别人的言辞上，甚至刻意回避。也许这时候他们会觉得这人是在嫉妒自己，是在泼冷水，是不怀好意的。他们有没有真正将别人的反对之词听进耳朵，然后反复思考过呢？肯定没有，因为他们连听都没有听到。

有时候，有人会很认真地说自己为什么一再反对，而我们却没有认真地听。要么听了，却以为别人是在打消我们的积极性；要么还没有听完，就武断地打断别人说的话，还没有听明白别人为什么会反对，就否定了别人的看法。这时，我们总是觉得别人讲什么对我们并不重要，怎么干才是最重要的。如此一来，我们往往一意孤行，最终铸下大错。

要想少走弯路，就要学会倾听，即使是反对的意见也要把注意力放在对方的身上，而不是急着打断别人的话，推翻别人的看法。对于自己持怀疑态度的看法，要更加用心思考，用心去交流，等彻底明白了别人反对的原因后再重新考虑自己的决定是否应该坚持下去。

善于听取反对意见，有助于我们从对方那里得到有价值的信息。我们即使有再好的想法，那也仅仅是个人的想法，并不能够保证我们的看法不是片面的。他人的想法即使不如我们，但至少他们看问题的角度和我们不一样，也许正好能够弥补我们的不足。当我们把大家的想法充分吸收时，才能做出正确的决定，从而避免了出错。

1912 年 6 月，梁漱溟的母亲去世了。这一年年底，梁漱溟先生曾经多次萌生出自杀的念头。梁漱溟之所以产生自杀的念头，决非一时之念。

这主要源于他对现实世界的黑暗的认识，身处黑暗，觉得生无可恋。

梁漱溟在后来回忆他的这段经历时说："我渐渐晓得事实不尽如理想，对于'革命'、'政治'、'伟大人物'……皆有不过如此之感。有些下流行径，鄙俗心理，以及尖刻、狠毒、凶暴之事，以前在家庭、在学校遇不到的，此时却看见了，颇引起我对人生感到厌倦和憎恶。"

面对不尽如人意的环境，梁漱溟绝望到了极点，他不知道该怎么跟周围的一切和解。直到有一次，抑郁的梁漱溟在北京街头闲走，看见一个拉人力车的白头发老头，十分吃力地往前拉车，想跑却跑不动，而坐车的人却拼命地催他快走。白发老人一忙就跌倒了，白胡子上沾满了血。此件事对梁漱溟产生了极大的刺激，本就被悲伤的世事折磨得找不到出路的梁漱溟当时就流下了眼泪。

眼前的黑暗现实，造成了他对人生的厌弃。经过此事后，梁漱溟再也不愿意坐人力三轮车了。与此同时，他开始学着与周围一些看不下去的事情和解。白头人力车夫在如此艰难的境况下都没有放弃生命，自己又岂能如此脆弱！

就这样，梁漱溟渐渐开始接受眼前的不平事，开始听得进反对的声音，开始辩证地看待这个世界。走在黑白相间的道路上，绕过黑色的漩涡，走在白色的石头上。

人生就是一场没有对错的旅行，听得进去前人的逆耳之言就能与这个世界轻松和解，听不进去就很有可能再一次绊倒在前人曾经跌倒过的地方。所以，路要怎么走，不仅要靠你的思想，还要靠你的眼睛、耳朵，只有认清了方向，才能安全到达想去的地方。

不做别人的翻版

这个世界上，成功的人遍地是，看似精彩的人生一抓一大把，但是，这些却都不是你的人生。我们生活的环境是复杂的，尽管周围的人群竞相斗艳，而你只需做到保持本色，就会在属于自己的视野里发现一切都已经变得如此简单。

高情商的人从不太在意别人对自己的看法，他们坚决不做别人的翻版，他们看重的是当下，他们懂得为自己活着。他们坚信，在这个世界上自己永远是独一无二的，所以无论如何，他们都会保持本色。

学生时代，总觉得成绩不好会让父母不开心，在长辈面前率性而为太过唐突，踏上社会又怕别人瞧不起而逼着自己一再高傲。等上了年纪后，怕在晚辈面前失了尊严，于是就一再鼓吹自己当年的“英雄事迹”。不仅如此，在学校的时候总以为老师说的是真理，遇到专家、学者、地位高而受人尊敬的人更是只能点头称是；工作后，不敢反驳上司，不敢和前辈们发生争论……一直以来，总是惧怕别人的眼光，总是在意别人对自己的评价，于是久而久之在唯唯诺诺中丢失了自己，开始有意被动地迎合别人、依附别人，不会独立思考，甚至放弃了梦想，最终成为别人眼中的自己。

有些人总是想方设法讨好这个社会，却唯独忘了做好自己。

一个寺庙中住着雪峰禅师和岩头禅师，还有一位小和尚。平日里两位禅师整天坐在一起讨论禅悟，小和尚无事可做，就每天坐禅。过了几天，岩头禅师责备小和尚不该每天坐禅。受到训导后的小和尚不再坐禅，于是每天不是东游西荡就是睡觉。又过了几天，雪峰禅师过来责备小和尚太懒惰，该去坐禅。

小和尚不知道该如何是好，于是委屈地跟雪峰禅师说：“师父，不是我懒怠不坐禅，是岩头禅师责备弟子不该每日坐禅，所以弟子……”小和尚还没有说完，雪峰禅师就一棒打了过来，大声喝道：“我的话你竟敢不听，该打！”

小和尚莫名其妙地挨了一顿打，虽感到委屈却不敢再说什么，于是乖乖坐下来打禅。岩头禅师看到小和尚又在坐禅，便生气地喝道："你竟敢违逆本座的旨意，不想得到佛法了？"说着也给了小和尚一棒。

此刻的小和尚真是口吞黄连，有苦说不出了，只得苦着脸解释道："两位师父，你们一个让我这样，一个让我那样，我知道你们都是为我好，所以不想违逆你们，但是我这样被夹在中间真的不知该怎么做。"

听完小和尚的话，两位大师同时拿起棍棒，就要敲打小和尚的脑袋。小和尚突然站了起来，说："佛法就是让人求得真我，自在，所以以后我想干什么就干什么！"

两位禅师相视一笑，小和尚终于开悟了，与其按照高深大师的吩咐做事，不如听自己的。

"这个世界会好吗？"1918 年的一天，刚被聘到北大教书的梁漱溟，在与父亲梁济探讨欧战新闻时，被父亲问了这样一个问题。梁漱溟回答："我相信世界是一天天往好里去的。"这番对话 3 天后，梁济便带着对社会的无限绝望残忍地结束了自己的生命。很长一段时间，梁漱溟都走不出父亲自杀的阴影。梁漱溟用 90 年的人生实践了自己的回答。在跌宕起伏的年代，无论身处何种境遇，他始终保持着一位儒者的乐观与尊严。

梁漱溟没有随父亲走向厌世的道路，而是独自走出来一条"宽恕"之道。他将两个儿子分别取名为"培宽"、"培恕"。"宽恕"应该是梁漱溟对人生、对世界的信条。

芸芸众生，与其翻版别人的人生，不如勇敢追寻适合自己的位置。在成功之人的经历中，保持自身的本色以及创造力极其重要。我们完全没有必要一味地追随别人的脚步，迎合别人的口味。别人的人生不应该成为我们人生的标准，人生是短暂的，挣脱别人的束缚放开手脚大干一场才不枉自己鲜活的生命。

准确认识自己

对自己的评价轻了容易产生自卑，重了容易高傲自大，只有准了，才能实事求是、恰如其分地感知到最真实的自我，进而更好地完善自我。每个人生活环境的不同造就不同的处事方法，每个人的人生经历不同，也会造就出不同的人生价值观。由此可见，世上万物在成长的过程中都会有自己的长处和短处，然而清楚自己的长处和短处，却并非易事。

一个人如果不能很好地认识自己，就很难为自己量身打造出一个幸福的人生。所处的自然环境和社会环境会对一个人的社会地位和物质生活条件有所影响，而这也决定着人们的价值观念。认为自己的未来一定更加精彩的人一定会有积极的人生态度，它会使人只争朝夕，珍惜分分秒秒，在有限的一生中实现尽可能大的价值。而身处困境中自我迷茫的人一定会很消极，其外在表现是心灰意冷，散漫怠惰，碌碌无为中浪费了光阴和生命。

扬己之长而避己之短，行能为之事而弃难成之作，是一个人自知的表现。当我们面临可为与不可为的选择时，需要基于自身的条件决定。保持平衡、平静的心态面对事物，才能达到心理健康，做出适合自身条件的决定。

要成为一个有着自知之明的人，就要认真把握自己。不能清楚地认识自己的人往往在选择面前表现出昏昏然、飘飘然、不以为然的态度。因为他们看不清自己，所以就无法看清自己所面临的问题，无法在选择面前摆正位置，更找不准人生的支点，驾驭不好人生命运之舟。

自知之明最为难得，最为珍贵的在一个“明”字，要求人们对自己要明察秋毫，了如指掌。唯其如此，才能在遇事时审时度势，趋利避害，从而减少挫折感，取得比预期中更高的成绩，人生道路也会更顺畅。另外，需要注意的是，自知不明是很容易受到私欲和心境的影响与干扰的。在如今人心浮躁的人际交往环境中，如果不能正确地对待自己，掌控好自律意识，就很容易受到权、钱、色、欲的诱惑和腐蚀，导致自己沉湎其中不能自拔。

梁漱溟小的时候体弱多病，到了壮年却又历经坎坷，在这样的条件下他还能活得长寿，完全得力于在认清自我的前提下，对人生中的起起落落总以平和淡泊的态度坦然面对，他深知自己身体不好，所以平时除了做学问，他还颇为懂得多做运动健身之道。

梁漱溟在“文革”期间仍然坚持打太极拳，十年如一日，从不间断。即使在那些被批斗的日子里，一旦获得短暂的喘息，他就会拉开架势，专心致志地调精运脉，摄气练神，就算是当着数十人、数百人的怒目，也是全然不顾，完全进入了寻求真我的状态。

“文革”中，梁漱溟的处境是不容乐观的，多年来视之如珍宝的藏书、手稿、字画悉数被焚，而他被拉去游街、批斗。这不啻是剜心摘肝，侮宗辱祖。一些遭受同种境遇的人稍微想不开的，就会走上绝路，而梁漱溟并没有因此放弃自己。当造反派厌倦了他这只“死老虎”，把他关进一间小屋，停止与之纠缠的时候，他既不呼天抢地，也不长吁短叹，依然一个人优哉游哉、自得其乐地写起学术论文，甚至先后撰写出《儒佛异同论》《东方学术概观》，其超然物外的胸襟和目无凡夫的气度，不禁令世人叹为观止。

这就是颇具自知之明的梁漱溟，他知道自己的人生价值在哪里，不管周围人怎么否定他，他依然自己肯定着自己，自知、自强、自尊、自爱。

有自知之明者贵在懂得准确评价自己，既不盲目自信，也不自惭形秽。任何时候总能自省吾身，吸纳别人的美德，客观地审视自己，理性地看待自己的学识能力、人格品质等。对于自己的不足下决心修正，以求不断完善自我，提升自我，超越自我。

本色出演，做最好的自己

在人生这场自制剧中，有谁能够真正做到本色出演，以最真实的方式生活？这样的确很难，但是至少，我们要知道怎样才是最真实的自己，怎样才能活得随性。不要因为别人的否定而失去自我，要在最拥挤的人群里活出最潇洒的自己。

每个人的眼光都会因所处的角度不同而不尽相同，但是那些都只不过是别人的角度，在你这里，你有自己的心路历程，你有自己的梦想追求，你有自己的人生价值观。无论别人怎样将你否定，你依然是自己。要知道，如果你变成了别人期待中的样子，那么你将不再是你，你会成为活在别人眼中的幻象。

要相信，你就是上帝最完美的造就，是上帝最满意的作品，是被上帝肯定的存在。你就是你，再真实不过的你。林徽因说，真正的平静，不是避开车马喧嚣，而是在心中修篱种菊。怎样才是最成功的人生？其实就是心中花开遍野。

我们没有必要为了避开不值一提的事物而改变原有的计划，生活归根结底都是自己一个人的生活，要想怎么活着，是自己的事情，不要被他人左右。我们要从内心搭建起一个属于自己的天堂，鸟语花香，莺歌燕舞，这里是我们永远存在的地方。

要知道，既然你出现在了这个世界上，那么对于这个世界来说，你就是全新的，是与众不同的，是以前从来没有出现过的，此后也不可能再出现的唯一。从人类出现的那一刻开始一直到现在，之前五千年的时间里，之后数亿光年的时间里，都没有，也不会再有一个人跟你完全一样，永永远远都绝不会再出现一个跟你完完全全一样的人。既然你苦等了几千年好不容易出现在这个世界上，又怎么可以随随便便做别人的影子，辜负了自己本该独放异彩的人生？

梁漱溟初到北大时毫不掩饰他的率直，在学生面前极为洒脱地做着自己。他在讲授《印度哲学》的第一天就对听课的学生说："我此来除替释迦、孔子发挥外，更不做旁的事。"要知道，当时坐在讲台下的学生大多是"打倒孔家店"的热烈拥护者，在这样一个特殊时期，同在北大的保守派代表人物辜鸿铭就曾经吃了学生不少苦头。当时的北大，可说是人才济济，而梁漱溟在当时只不过是一个无名人士，如果因为他不小心说错了什么话，辞退他是一件轻而易举的事情，但是他却凭借最爱本色的自己在北大一教就是七年。梁漱溟讲的孔子课特别火，不少学生争着来听他是如何为孔子、释迦进行辩护的。

梁漱溟的率性还体现在更加惊心动魄的时刻。1946 年，李公朴、闻一多血案发生后，作为民盟核心人物的梁漱溟在集会上公开发表宣言："特务们，你们还有第三颗子弹吗？我在这里等着它！"

梁漱溟就是这样一个本色出演的率性之士，即使面对敌人的枪口，也不愿意缩起头来如敌人所期望中的那样活着。

与梁老的本色不同，在我们的身边经常会有一部分人刻意模仿别人。看到别人穿一件什么衣服好看就想着自己也要去买一件；看着谁的发型好看也想去做一个；听说谁去外国旅游了就想着一定要攒钱周游世界。渐渐地，他们开始模仿别人的生活方式，忘记了自己曾经最想做什么，将适合别人的款式套在自己身上，将别人的成功当作自己的目标，在模仿别人中失去了自我，失去了本色，淹没在互相迷失的人群中。

我们来到这个世界上，不是为了做谁的影子，而是为了展示自己的独特的魅力。我们需要演绎的是独特的自己，因为每个人都是与众不同的，独特性是别人没有的。

本色，别人学不来也夺不走，展示它是你的价值所在，也是你的使命。

第八堂

陈汉章讲责任与担当

陈汉章（1864—1938），字云从，别号倬云，晚号伯弢，浙江象山县人，近代著名经学家、教育家、国学大师。4岁识字，7岁正式受业，后到丹山、缨溪书院读书，23岁师从著名经学大师俞樾。24岁问师于国学大师黄元同。25岁考中举人。46岁被京师大学堂慕名聘为教授，到京城后一改初衷继续求学，50岁以第一名身份毕业于北大第一届史学门，传为佳话。后任教于北京大学、北京师范大学、中央大学。陈汉章一生勤奋自学和刻苦研读，致力于经史子集“四部”的研究，重视国学的发展和人才的培养，其热烈的爱国情怀和民族自豪感影响了一代北大人。

北大讲义

北大爱国莫若陈汉章，在民国乱世，中华民族几次命悬一线。此时，最能看出一个知识分子对国家民族的赤子之心，而陈汉章就是最好的代表。

在陈汉章先生的课堂上，最吸引学生的是他通过剖析历史阐述出的民族情怀，用陈先生自己的话说：

我明知我编的讲义，讲外国现代科学，在二千年前我国都已有了，是牵强附会。但为什么要这样编写呢？扬大汉之天声，说对了一半。鸦片战争以后，清廷畏洋人如虎，士林中养成一种崇拜外国的风气，牢不可破。中国人见洋人奴颜婢膝，实在可耻。忘记我国是文明古国，比洋人强得多，即如校长胡仁源，也是崇拜洋人的。我要打破这个风气，所以编了那样的讲义，聊当针砭。

现将陈汉章先生在北大的历史讲义序摘录如下，读者可以从中体会到陈先生自心里散发的爱国情怀。

中国上古史事散见诸子经中，无一定标准之书。自来为史学者，汉儒已略而弗详（正史第一家史记本无三皇本纪）。宋人有芜而寡要（如皇王大纪传、路史等书）。绎史不详引书篇目（邹平马氏驌撰，绎史一百六十卷，近人谭献为补注未成）。尚史徒改纪传标题（襄平李氏锴撰尚史一百七卷）。崔东壁之考信嫌涉空言（大名崔氏述撰考信隶三十六卷）。林鉴塘之纪年，究无特识（闽县林氏春溥撰古史纪年十四卷，开辟传疑二卷）。教科诸书等诸自郐以下矣。

海通以来，卮言日出，间亦高语皇古，更须考诸圣人。乃者提要钩玄，爬罗剔抉，甘苦得失，寸衷自知。盖欲为诸君省惜脑力，浚发心灵，比语诸精神。篇篇有兴趣，弗类写官之记，亦殊副墨之文，称引虽繁而各具条理。循其理而观之，如振裘而挈领也。演绎虽新，而并有依据。本所依据而证之，如探骊而得珠也。不以无稽之言自欺欺人，不以非法之言自误误人。岂敢谓后此而绝无，似亦为前次所未有。方今国学不绝如缕，诸君佛时仔肩，以之参考群书，必能事半功倍。诸君深思好学，谅不河汉之言。

做人之本

“战争”这个词离我们越来越远，而谈及爱国，我们对祖国的感情似乎也已经没有上一辈人那么浓厚了。在我们以为没有外来侵略，爱国这个话题就无从谈起的时候，其实我们往往忽略了，在任何一个时刻我们都未曾离开过祖国的怀抱，同时，在任何一刻，祖国都需要我们以当代的方式爱国。

爱国是做人之本，也是北大的立业之基。一直以来，北大青年都有爱国主义情怀，敢于担当。在北大，有一个传统的社团叫爱心社。1993 年寒冬，一场大雪突降北大，一时间导致校园的马路泥泞难行。这时，爱心社的 17 位同学自发组织起来在校园义务扫雪。第二天，他们就在学校路口张贴了一张海报，上面写着：“我们因为爱心而走到一起，这个冬天还很长，我们期待着第 18 个人是你。”

面对眼前被清扫出来的一条小路，身边的同学都被这 17 个人感动了，不少人自愿加入扫雪的队伍中来，参与的人数越来越多，终于一个人数众多的固定社团就这样形成了。在此后的十多年来，在北大校方的大力支持下，爱心社已经拥有助老、手语、爱心万里行等多个项目，社员一度增长到 500 余名。不仅如此，这个颇具爱心的大型社团还获得了国家、北京市和北京大学的各类数不胜数的奖励。

其实哪怕是在和平年代，爱国的责任依然需要我们担当起来。爱国是一种凝聚力，当冰灾、地震来临时，中国人牢牢地团结在一起，令世界另眼相看。

爱国是一种牺牲精神，舍小我，为大我。只有当拥有爱国心的人在国家危难的时刻敢于站起来，甚至放弃自己的生命，一个面临外侵的国家才能够一致对外。战争时代，无数仁人志士不惜为国家抛头颅，洒热血，这种爱国热情是最最崇高的，是值得我们尊敬的。

陈汉章居北京近 20 年，曾多次谢绝孙传芳、吴佩孚等人的邀请。他无心做官，只想以自己的方式爱着祖国。陈汉章非常同情革命，是一位忧国忧民的爱国志士。对革命党人徐锡麟、秋瑾被害之事极为悲愤，他说："男儿当如锡麟，女子皆似秋瑾，国事可为。"他支持孙中山革命，当孙中山在北京逝世时，他还去参加了葬礼，表示哀悼。

有一次，驻北京的六国使馆慕名派专人聘请陈汉章去给他们讲中国历史。每周授课两小时，每月报酬银圆六百元，并用小轿车接送。要知道，当时普通家庭每月每人生活费用不过三四元，可想而知这个待遇有多丰厚。然而，陈汉章却婉言谢绝了。后来，儿子问陈汉章："这样重的酬金，这样优越的条件，父亲为什么要拒绝呢?"陈汉章对儿子说："你们只知道酬金多，条件好，你们可知道，中国历史岂能被外国人洞悉。"

与那个时代不同，现在的我们生活在衣食无忧的和平年代，国家在我们的祖父和父辈的治理下蒸蒸日上，我们在享受中似乎已经慢慢淡忘那些爱国热情。不仅如此，还有一些人凭空生出了一些反社会的情绪。这也许就是人类的通病：拥有时就不再珍惜。

于是，网络上各种声音都冒出来了：爱国？国家爱我们吗？社会上，那么多贪官，他们是国家的治理者尚且不爱国，我们凭什么爱国？弱肉强食，适者生存，现在就是一个物欲横流的年代，每个人只想着自己，谁还顾得上爱国？那些土豪们坐拥上百亿的资产都不爱国，我们又能做什么？高级知识分子尚且不爱国，有出息了就移民，我们凭什么爱国？

爱国是一个很简单的问题，因为爱所以爱。为什么要爱国，就因为我们是中国人，祖国是祖祖辈辈生活在此处的根，不管走到哪里，祖国就是祖国，那份情感是任何东西都代替不了的。

没有在外国受过欺负，就不会明白国家对我们有多重要。那些没有国家，或是国势很弱的人在外国艰苦求生的状况实在可怜，甚至让人觉得可悲，如果你想象不到，那么那句“华人与狗不准入内”的羞辱之言，一定会令你感慨万千。

爱国在不同时代有不同的内容，但始终离不开做人的道理。我们要在做好自己的基础上热爱自己的祖国，热爱我们的传统文化，热爱脚踩的每一寸土地。爱国是每个人的责任与义务，每个人都应该对生我养我的这片土地怀着深深的热爱和感激之情，在建设国家的同时，实现自我价值。

天下兴亡，匹夫有责

梁启超有句名言：“少年智则国智，少年富则国富，少年强则国强，少年独立则国独立。”

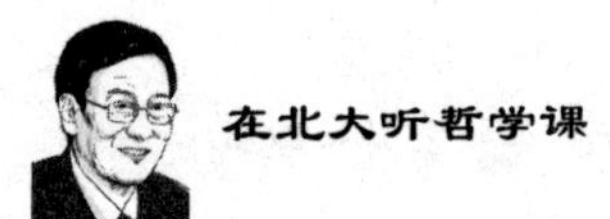

从“五四”爱国运动开始，就有一大批进步青年怀着“天下兴亡，匹夫有责”的激情，率先站在了爱国的前沿。他们无一不是凭着一股力量，迫使自己背负起社会的责任与国家的担当首先站了起来。凭着一股力量，他们勇敢地游行示威，不怕军警的镇压和逮捕。这股力量是无形的，是胸中轰然跳动的心脏，是从筋骨里迸出来的斗志，是从血液里激出来、从性灵里跳出来、从生命里震荡出来的真纯而可贵的爱国热情。

自古以来，人们敬重“富贵不能淫，贫贱不能移，威武不能屈”的爱国志士，痛恨奴颜婢膝的卖国汉奸。这是作为一个国家的人民对祖国的爱戴，是茂盛的枝叶对根的情意。天下兴亡，匹夫有责，保家卫国，是每一个人义不容辞的责任。

回眸历史长河，无数人在这条路上慷慨就义。无论是文天祥那句“人生自古谁无死，留取丹心照汗青”，还是郑成功从荷兰侵略者手里收复了沦陷38年的中国神圣领土台湾，这些祖祖辈辈的爱国灵魂都将在中华大地上永垂不朽。

正所谓，唇亡齿寒，如果失去了祖国，无疑就是失去了自己。做了亡国奴，连人格、自由都不能保证，就更不用说个人的幸福和利益了。虽然现在我们已不需要像王昌龄那样“黄沙百战穿金甲，不破楼兰终不还”，也无须像岳飞那样“驾长车，踏破贺兰山缺”，更不必像司马迁那样“常思奋不顾身，而殉国家之急”。现在能够左右一个国家疆域安全的是一个国家的综合实力，不管前方的路有多么困难，我们都要立志，为祖国的繁荣昌盛做出最大的贡献！

陈汉章终其一生致力于经史子集“四部”的研究，为弘扬国学的发展和人才的培养做出了不少的贡献，另外，他的一生还充满了爱国主义情怀和民族自豪感。他是国立北京大学、中央大学的历史系主任、经史学家、教育家、一代鸿儒、国学大师。

陈汉章的这些作为离不开他自幼好学，博闻强记，文章过目成诵的好习惯。25 岁时中举，后曾与章太炎一起，同学于当时著名经学大师俞樾门下，考职后得广东候选直隶州州司，但是他无心官场，所以并未上任。清朝末年，京师大学堂(北京大学前身)聘请陈汉章为教授，但是他选择先去当一名学生，其原因是想继续增长才学。

陈汉章在 1909 年进入京师大学堂，1913 年，以中国史学门第一名的成绩毕业，为北大历史专业最早的毕业生之一，毕业那年他已经 49 岁。之后，他一边学习，一边担任北京大学国文、哲学、史学等门课程的教授，讲授中国近古史、西周史、中国法制史、中国通史、中国上古史、经学通论等 15 门课程。由此可见，陈汉章的学识有多深。在当时，这个故事曾经被当作笑谈，陈汉章也因此被视为学术怪人。正是因为陈汉章在学术上的“怪异”，无所不通，所以才对北大、对中国的历史教育产生了巨大的影响。

这就是报效祖国的一种方式，而现在我们要做的也应该如此。做商人，就要以社会为己任，推动中国经济的发展；做文人，就要以教书育人为己任，推动中国思想文化的发展；在官场，就应该担负起为人民服务的责任，推动社会的发展。如此种种，这些都是我们力所能及的事情，也是我们能够为国家做出的最好的贡献。

几亿人口的茫茫人海中，我们只是沧海一粟。但是，要知道“不积小流无以成江海，不积跬步难以至千里”，对整个国家的发展稳定来说，每一个人都是祖国不可或缺的一分子。所以，无论我们身在何方，从事何种职业，都要从身边力所能及的事情上着手，做出自己的一份贡献。

铁肩担道义，妙手著文章

“铁肩担道义，妙手著文章”，最早出自明代著名谏臣杨继盛之手。

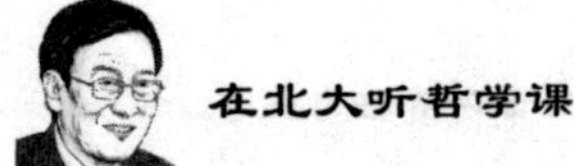

他一生刚直不阿，高风亮节，后因弹劾权相严嵩十大罪状而被拘捕下狱，受尽酷刑，依然正义凛然。临刑前，他赫然在狱壁上题诗明志："铁肩担道义，辣手著文章。"这一句话铿锵有力，表现出他那荡荡襟怀和铮铮铁骨。也许现在听到这句话你会觉得似乎与自己没有多大关系，但是时隔几百年之后，这句话俨然成为陈汉章一生崇高情操和战斗业绩的真实写照。

民国时期，陈汉章一直以来都以自己强烈的社会责任感和历史使命感致力于史学的研究，以敏锐的视野和犀利的笔锋，写下了许多充满战斗力的文字，为广大青年学生带去了激励，同时也丰富了中国几千年的历史，保留住了中国的思想文化遗产。

陈汉章先生一生酷嗜读书，治学严谨，博览群籍，遍读汉唐到清朝的先儒说经、订史之书。他自称"十八岁始得读书之法"，二十岁参加郡试，得十一名秀才归来，但是他却自觉"空疏之人不足为国家用，矢志四部书，循诵弗缀"。陈汉章的求知欲非常强，规定"每日功课宜尽十卷，经五卷，集五卷"。每至除夕，一定会写一篇总叙，检查一年读书计划的完成情况。陈汉章博览群书之余还对每部书考其优劣，校其佚漏，辨其真伪，评其得失，满纸都是密密麻麻的圈点。有了心得随即记录下来，作为资料保存，逐渐养成了勤于研究而又专于考据的学风。日积月累，其著作与日俱增，遍及经、史、子、集。他的书桌上放着 10 余支毛笔，毛笔笔头大多快要磨平。

陈汉章的同学章太炎说："浙中朋辈，博学精思，无出阁下右者。"当时就连教育部招待外国汉学家，也都时常请陈汉章列席，以备咨询。曾有日本汉学家当面提出问题，陈汉章一一详细解答，毫无错误，日本汉学家竖起大拇指，称他为"两脚书库"。外国汉学家称赞其"学问渊博，文章湛深，实中国之大师也"。

北大任教时，陈汉章白天忙着上课、著书，晚上埋头撰编讲义，教导子女读四书五经，并详细讲解，一直工作到午夜。哪怕是感冒发烧，他也要坚持编讲义，上课。有时候夫人劝其请假休息，陈汉章就说："国家培养人才应是分秒必争的，岂能为我一人休息而耽误数十人的时间。"陈汉章就是这样一个极端负责的大学者。学生去陈汉章家请教，他总是引经据典，反复讲解，直到学生听懂为止。他认为这是作为一名教师的基本责任，也是作为学者该有的担当。

无论民国时期，还是当今社会，每个人的肩膀上都该承担起应有的道义。过去，正是因为有这种担当精神，文人墨客们用自己的笔、用自己的思想激励了近代中国多少仁人志士，不屈不挠，前赴后继，解民族于倒悬，挽大厦之将倾，高举民族独立之旗帜，走富民强国之道路，构成一幅绚烂壮丽画卷。

想想老一辈革命家，他们那一大批人，可谓一个"群体"。他们每一个名字都是民国时期挂在祖国胸前的勋章，毛泽东、刘少奇、罗亦农、周恩来、邓小平、赵世炎、董必武、瞿秋白、胡乔木等。这些无产阶级革命家无一不是拿起笔来，在硝烟滚滚的历史环境中写新闻通讯，革新人民的思想。革命需要他们在拿起枪杆子的同时，拿起笔杆子，办报纸，办刊物，当记者，当编辑。

如今，战火的硝烟已经散尽，人民沐浴着和平的阳光。老一辈革命家的"妙手文章"不能在我们这一代失传。也许我们不能像那个时代的灵魂作家、记者一样针砭时弊，揭露丑恶，但是还是要追求"铁肩担道义，妙手著文章"的精神，少看一些道听途说的八卦轶事，多读一些激励人心的作品，重新找回我们的社会良知和济世情怀。

使命感是一代人的灵魂

一个人生活在世界上一定要有理想、有追求，没有理想就等于没有灵魂，就像路边茫然而过的乞丐，从来都不思考明天的事情，得过且过。理想是照亮现实的灯火，是人生奋斗、追求的目标，也是鼓励人们奋勇前进的巨大动力，是一个人活出自我的目标所在。确定自己的奋斗目标是人生的真谛，是前行的方向。

一个有理想的人才能做物质的主人，才能够有思想地选择怎样的物质生活，而不是在物质生活中没了思想。人生的价值不在于权力、金钱和酒足饭饱的炫耀，而在于是否能给社会带来文明和进步，这才是一个人值得自豪的成就。

人生犹如一条奔腾不息的河流，而使命感则是这条河流的源头，是一个人存在的灵魂。人生最可贵之处就在于有使命感，有理想，有志气，能够以无私奉献的心战胜贪欲，以勤奋战胜懒惰。也只有这样的人，才能问心无愧地行走在世间，所做之事光明正大，所行之路惠及他人。

无论年龄大小，无论身份高低，无论身家几何，每个人的心灵都要有一座志气的灯塔，这样才能更好地引导自己驾着事业之舟，乘风破浪驶向胜利的彼岸。志气，源于催人上进的使命感，一个人只有心怀使命感，才有前进的动力，才有超越自己的魄力。

其实使命感简单来说就是一个人对自我天性的寻找与实现。在这个社会中，每个人都有他的一个身份角色，或是律师，或是公司职员，无论你是喜欢现在的职业，还是从事着并不情愿的行业，这些情绪的产生都是因为你心存使命感。

你虽然为了生存才选择从事某个行业，但是这并不意味着生存是工作的唯一目的，在为了满足基本生存需要外，我们还担负着一种使命感，也许这份使命感会令你为了家庭而从事一份并不喜欢的工作，这种使命感也会令你积极进取，成为一个更好的自己。

陈汉章在北大教书期间是茅盾的老师。茅盾在北大 80 周年校庆时说：“北大中国历史和中国地理的教师给我印象最深，此刻记忆犹新的是中国历史教师陈汉章。他是俞曲园的弟子、章太炎的同学，前清末年就是驰名国内的史学家。”茅盾之所以这样说，就是因为陈汉章身上体现出来的民族使命感曾令他为之动容。

陈汉章在北大教中国历史，自编讲义，从先秦诸子的作品中搜罗片段，以此来证明欧洲近代科学所谓声光化电，在我国古代就已经有了，而那时候，欧洲列强还处在茹毛饮血的时代。不仅如此，陈汉章还说飞机在先秦就有了，他所拿出的证据就是《列子》上说有飞车。

有一天，陈汉章讲完课正要往外走，忽然有学生问：“陈先生，你考证出现代欧洲科学，在中国古已有之，为什么后来失传了呢？”听到这个问题，陈汉章不禁皱了一下眉头，说：“这就要继续考证其原因了，这要在先秦时代以后的历史讲到。”随后，年仅 17 岁的茅盾插话道：“陈先生是发思古之幽情，光大汉之天声。”陈汉章听闻此言，只是看了茅盾一眼，没有说什么就走了。

晚上，陈汉章叫茅盾到他的办公室。茅盾以为陈汉章生气了，要批评他，紧张地去了办公室，不料陈汉章坦率地说：“我明知我编的讲义讲外国现代科学在 2000 年前我国都有了，是牵强附会。但为什么要这样编写呢？扬大汉之天声，说对了一半，鸦片战争以后，清廷畏洋人如虎，士林中养成一种崇拜外国的风气，牢不可破。中国人见洋人奴颜婢膝，实在可耻。忘记我国是文明古国，比洋人强得多。我要打破这个风气，所以编了那样的讲义，聊当针砭。”他还说道：“中华民族同白种人并肩而无愧色。”此后，茅盾不禁对陈汉章的这种民族使命感感到敬畏，还戏称其为一位“爱国的怪人”。

使命感令陈汉章不惜在学问中牵强附会，这不是一种篡改历史，反倒是一种肯定中国文化的民族自豪感，而这正是民国时期无数进步青年的救国灵魂所在。对于我们这一代人来说，我们的使命已经不再是救国于危难之中，需要承担的是强国于经济、文化、科技之中，这也将成为我们这一代人的灵魂。

没有人可以孤僻冷漠地活着

每个人都是社会大家庭中的一分子，谁都不能脱离社会群体而独自生活。如果在交际圈中过于冷漠，渐渐地，就会失去朋友的热情与关怀，甚至到最后连朋友也会因为你的冷漠态度而离去，这就是冷漠的代价。在你以冷漠的态度对待身边的人的时候，其实你正在失去离你最亲近的朋友。冷漠就像身上长出来的利刺，伤害到的总是离我们最近的那些人。

当你在抱怨别人总是不把你的事情放在心上的时候，有没有想过，你也未曾把别人的事放在心上过。无论怎样的情感都是相互温暖的，如果你总是用冰冷的态度待人，那么谁又会愿意用自己的热脸贴你的冷屁股呢？很多时候就是这样，不是别人对你不够好，而是你对别人太冷漠，对别人付出得太少。

当下，冷漠就像是一种流行病，不仅局限在每天忙碌着的上班族们，就连孩子身上也沾染到这种“病毒”。在一所学校、一个班级，在许多本该无邪的孩子的脸上，往往是冷漠的表情。有人说，在学校的时候感到厌倦，等走出校门之后却无比想念。这似乎是现代人的一个通病，所有美好的东西总是在失去后才意识到自己曾经有多么幸福，但是在时间面前，迟到的忏悔为时已晚。

待人冷漠标志着心灵的麻木和责任感的消失。冷漠的人无论如何也不会有幸福。对于他人，冷漠可能是伤人的利剑。对于国家，由冷漠者组成的民族如同一盘散沙，大雨一来就冲得了无踪迹。对于家庭，哪怕有一个人态度冷漠，也很有可能会将全家人的气氛弄僵。

一个人太过冷漠孤僻的话，身边的朋友也会有压力感，这样的人就像是行走在人群中的一块冰，每一个想要靠近他的人为了不被冻伤，都不得不退避三舍。看看现在很多在事业上做得风生水起的人，每天早出晚归，在公司里整天板着一张脸，不愿放下自己的架子，弄得员工不敢在他面前说笑，家人没有时间跟他聊天，日久天长，身边所有的人都将不再用心待他。而他一旦有了什么烦心的事情，翻遍了手机发现竟是些客户的电话，能够约出来喝酒谈心的人已经一个也没有了。试想一下，这样的人生纵使家财万贯又有什么幸福可言？

无论你身处怎样的地位，对待身边的人都不能太过冷漠。冯友兰先生在《三松堂·自序》中曾写到这样一个关于陈汉章的故事：给我们讲中国哲学史的那位教授，从三皇五帝讲起，讲了半年，才讲到周公。我们问他，“照这样的速度讲下去，什么时候可以讲完？”他说，“无所谓讲完讲不完。若说讲完，一句话可以讲完。若说讲不完，那就永远讲不完。”

这位教授就是陈汉章，对于他的讲课方式，顾颉刚在《古史辨·自序》中也曾提到过：

哲学系中讲中国哲学史一课的，第一年是陈伯弢先生（汉章），……他从伏羲讲起，讲了一年，只到商朝的《洪范》。……第二年，改请胡适之先生来教。……他不管以前的课业，重编讲义，劈头一章是“中国哲学结胎的时代”，用《诗经》作时代的说明，丢开唐、虞、夏、商，竟从周宣王以后讲起。这一改，把我们一班人充满着三皇五帝的脑筋，骤然作一个重大的打击，骇得一堂舌挢而不能下。

正如所说的这样，在许多五四时期人物的笔下，陈汉章和胡适是学术上的“对手”，而且据说当胡适写的《中国哲学史大纲》出版后，陈汉章曾在课堂上对学生公开嘲讽胡适：“我说胡适不通，果然就是不通，……哲学史本来就是哲学的大纲。说中国哲学史大纲，岂不成了大纲的大纲了吗?”

陈汉章就是这样一个有所想便有所言的人，或许正是因为他待人亲和随性，所以并没有因此而伤害到他与朋友们的感情。

中国人对友谊的要求向来是很高的，正所谓“士为知己者死”。好友面前，我们完全可以不装扮、不做作，更没必要戴着墨镜装深沉，想到什么就说什么不需顾忌，舒适地做回当初的自己。试想，这样的人生该有多么潇洒自由。

大道之行也，天下为公

“大道之行也，天下为公”，这是春秋战国时代诸子百家通过论争得出的对人类理想社会的一个可贵认识。

“天下为公”最早由墨子提出，青年时期的墨子在学习儒学的过程中认识到孔子倡导的复周礼、明等级、行差爱的思想有很大的局限性，于是进一步提出“兼相爱，交相利”社会理想，倡导“视人之国若视其国，视人之家若视其家，视人之身若视其身”的平等博爱思想。后期儒家吸取墨学这一得人心的理念，提出人类最早的黄金时代实行的是“大道之行也，天下为公”的大同社会，而这也正是如今“天下为家”的小康社会的最初原型。

不过人类社会究竟能不能变成一个“大道之行也，天下为公”的大同社会?许多人表示怀疑，认为这种愿景只是古代社会的一种理想化虚构。还有一些学者则公开表示，人生来就是自私自利的，社会一开始就是分贵贱等级的，天下为私，天经地义，人不为己，天诛地灭，大同社会是根本不可能实现的。

但是，出人意料的是，据大量考古材料的发掘表明，“人不独亲其亲，不独子其子”的大同社会在原始公有社会中就已经存在过。亿万年前，在极端落后的生产力条件下，原始人为求生存必须采取社会联合的形式。当时的人类只有联合成团体才能应付险恶环境的挑战，只是后来这种社会结合的原则在以后的阶级社会中被大大削弱了。

由此可见，人类最终回归到人性最无私的原始社会也并不是天方夜谭的事情，关键的还是我们每个人从现在开始就将内心清扫干净，让自己的心灵回归到最干净的大自然中去。

陈汉章就是一个大公无私的人。在陈汉章的家乡，每逢大年初一，至亲晚辈都要到他家去拜年。以前的人们极其重视礼节，晚辈去拜年，要向长者下跪叩首。不过到了陈汉章这里，出人意料的是，别人向他下跪时，他也会跪下还礼，起来时还作一个毕恭毕敬的揖。对此，他的学生曾经在文章中提及拜师的情形："我在东陈读书两学期，跪拜先生两次，先生也还礼两次。"

陈汉章对晚辈尚且如此讲究礼貌，对长辈就更不用说了。每到新年，尽管陈汉章已经年及古稀，还是一早就去族长家拜年。当时族长是一位年高的农民老伯，陈汉章不嫌贫穷，不论地位，叩拜施礼。

陈汉章不仅待人以礼，还非常重道义，每逢春节将至，都不忘送乡里孤独老人每人十斤猪肉、一斗大米，以慰其心。有时候听闻有生、病、老死者，陈汉章会为其请人接生、请医治病或买棺安葬。哪怕是村里修桥铺路、培修庙宇的事情，他都义不容辞，积极赞助，从不吝啬。陈汉章所住的村里有一段几十里长的路，因年久失修，石板破碎，路面凹凸不平，每逢雨天便是泥泞难行。为了解决行路难的问题，陈汉章一个人出资筑起了新路。当时东陈村没有学校，只有几家私塾，孩子们不能接受很好的教育，陈汉章就捐资兴办学校，为本乡及外乡青少年解决读书难的问题。

除此之外，陈汉章对待压制贫农、称霸乡里者，不论权势多大，都斥之以正理，为受欺凌者抱不平，他也因此而深得乡里人称颂。

陈汉章卧病在床时，县里正在筹备设立公立医院，他知道后十分惦念，捐出1000元，以促其早日建成。没想到到医院建成开业时，陈汉章已离开了人世。

陈汉章终其一生在为身边的人奉献着自己的力量，而这也正是走向“天下为公”的社会所急需的。尽管一个人的力量很薄弱，但是可以通过我们的一举一动感染身边的每一个人，国家的进步就是这样得来的。现在我们所走的每一脚步，都将是未来人类迈入“大同社会”的一大步。

发下的誓愿，死也要兑现

人这一生之中会做出无数决定，甚至有时候一天之中都会下定决心做很多的事情，但是真正付之于行动的，真正坚持下来的却是屈指可数。我们如同自我欺骗的孩子，一边下定决心，一边动摇，与其如此做无用功，不如一开始就别指望战胜自己。

谁都想打拼出一番事业，闯出一片天地，但是能够崭露头角的总是少之又少，难道你真的希望到头来一事无成，碌碌终生？

很多时候，我们并不是没有取得成功的能力，而是没有取得成功的毅力。毅力乃成功之本，毅力是一种韧劲，一种积累。荀子说：“锲而舍之，朽木不折；锲而不舍，金石可镂。”也许你觉得长期坚持一件事情的确很累，那么完全可以将“大事化小，小事化了”。把长久的梦想划分成多个小梦想，甚至小到都可以将其忽略。小的事情上做不放弃很容易，只要一点一点坚持下来，一段时间后，你会发现自己在不知不觉中已经走了很远。

一个人的潜力是没有极限的，更何况极限都是用来超越的，越是棘手的事情，越是要拿出不服输的劲头儿。《钢铁是怎样炼成的》这本书我们就不用老生常谈了，不过在此我想借以说明的是：一个人的毅力对他的一生是有很大影响的。主人公保尔一生非常坎坷，十几岁就投入战斗，英勇杀敌。战场上，他被砍了好几刀都大难不死，后来疾病缠身，仍然不停地忘我工作，有休假疗伤的机会仍不愿意放弃工作。他之所以能够锻造出钢铁一样的毅力，并不是因为他命硬，而是因为他心“硬”。

生活在和平年代的我们尽管体会不到战争带给我们的求生意志有多强，但是看看新闻中经常被报道出来的与病魔抗争的“勇士们”，他们就是生活中的强者，是很多人做不到的。想想自己，曾经有多少次因为自卑、怯弱、怀疑而放弃了下定决心要做的事情，如今想想不免觉得遗憾。如果我们肯将自己面临的挫折视为威胁到生命的战争或疾病，那么我们就一定能够爆发出巨大的求生意志，无所畏惧地走下去。

陈汉章一生都没有停止过学习的脚步，真正做到了“活到老，学到老”。他 50 多岁的时候，依然精力充沛、思想活跃，不但常与胡适争论中国哲学史，还与鲁迅、黄侃、刘师培等探讨学问。有时还亲自参加社团，并承担任务。55 岁的时候，陈汉章参加“进德会”并被选为纠察员，参与管理工作。56 岁，又参加了“国史编纂处”，担任通史组主任一职。同年又发起成立《国故》月刊社并担任特别编辑，撰写专题文章。六十多岁的时候，他还在北大与子庚、履之等十人结集眉社，每一星期各为宾主，创作诗词。

68 岁时，陈汉章终以暮年体衰坚辞，告老归乡。尽管这时候的他已经有些力不从心了，依然没有将年老当作偷闲的理由。回乡之后的陈汉章开始闭门著书，只为完成心中的宏愿。但最终因为疾病，于 1938 年 6 月 29 日晨，在故乡象山与世长辞，享年 75 岁。由此可见，陈汉章到老都没有停下对学问的渴求。

1960年，中华书局出版了陈汉章先生所著的《周书后案》《后汉章补表校录》《辽史索隐》等3种。1985年，杭州大学古籍研究所又整理汉章遗著如《论语征知录》《公羊旧疏考证》《诗学发微》等10余种。相关人员从陈汉章先生晚年自拟的《缀学堂丛稿初集目录》中看到，先生100余种800多万字的手稿准备出版，其范围遍及经史子集，可见其晚年的工作量实在令人震惊。

越是内心长期打算达成的愿望，越是艰辛，但是可以一步登天的成功对我们而言又何谈珍贵呢？人生犹如长跑，一下冲在前面，并不一定就能夺标。相反，如果保持适中的节奏，往往能取得好成绩。只要你在内心发下了誓愿，哪怕是最后一个，也坚决不能放弃。

第九堂

蒋梦麟讲学习的意义

蒋梦麟(1886—1964)，原名梦熊，字兆贤，号孟邻，浙江余姚人，中国近现代著名的教育家。幼年入私塾读书，曾参加科举考试并中秀才，1904 年考入上海南洋公学，1908 年 8 月赴美留学，1909 年 2 月，入加州大学伯克利分校，先学习农学，后转学教育学，1912 年于加州大学伯克利分校教育学本科毕业，随后赴纽约哥伦比亚大学研究院，师从杜威，获得哲学及教育学博士学位。1919 年初，被聘为北京大学教育系教授，五四运动后出任代理校长、校长，是北京大学历史上任职时间最长的校长。其著作有《西潮》(英文自传，后译中文)《新潮》《谈学问》《中国教育原则之研究》等。

论北大之精神

1919 年 7 月，北大送走了因五四运动而离职的老校长蔡元培，被蔡元培一意力推的蒋梦麟接掌北大。在蒋梦麟看来，不过是“仅为蔡公的督印者”，但是令他没有想到的是他后来会成为北大历史上影响至深、任职时间最长的一位校长。

蒋梦麟在就任北大校长之前已经是一位杰出的教育学家，是民国首屈一指的教育学教授，在国内外都有很高的声望。就任北大校长之后，蒋梦麟就北大的教育问题发表过一次公开演讲。从演讲中，可以看出他作为一位教育家，对北大及民族未来的思考。

本校屡经风潮，至今犹能巍然独存，决非偶然之事。这几年来，我们全校一致的奋斗，已不止一次了。当在奋斗的时候，危险万状，本校命运有朝不保夕之势。到底每一次的奋斗，本校终得胜利，这是什么缘故呢？

第一，本校具有大度包容的精神。俗语说：“宰相肚里好撑船”，这是说一个人能容，才可以做总握万机的宰相。若是气度狭窄，容不了各种人，就不配当这样的大位。凡历史上雍容有度的名相，无论经过何种的大难，未有不能巍然独存的。千百年后，反对者、讥议者的遗骨已经变成灰土，而名相的声誉犹照耀千古，“时愈久而名愈彰”。

个人如此，机关亦如此。凡一个机关只能容一派的人或一种思想的，到底必因环境变迁而死。即使苟延残喘、窄而陋的学术机关，于社会决无甚贡献。虽不死，犹和死了的一般。

本校自蔡先生长校以来，七八年间这个“容”字，已在本校的肥土之中根深蒂固了。故本校内各派别均能互相容受。平时于讲堂之内，会议席之上，作剧烈的辨驳和争论，一到患难的时候，便共力合作。这是已屡经试验的了。

但容量无止境，我们当继续不断地向“容”字一方面努力。“宰相肚里好撑船”，本校“肚里”要好驶飞艇才好！

第二，本校具有思想自由的精神。人类有一个弱点，就是对于思想自由，发露他是一个小胆鬼。思想些许越出本身日常习惯范围以外，一般人们恐慌起来，好像不会撑船的人，越了平时习惯的途径一样。但这个思想上的小胆鬼，被本校渐渐儿的压服了。本校是不怕越出人类本身日常习惯范围以外去运用思想的。虽然我们自己有时还觉得有许多束缚，而一般社会已送了我们一个洪水猛兽的徽号。

本校里面，各种思想能自由发展，不受一种统一思想所压迫，故各种思想虽平时互相歧异，到了有某种思想受外部压迫时，就共同来御外侮。引外力以排除异己，是本校所不为的。故本校虽处恶劣政治环境之内，尚能安然无恙。

我们有了这两种的特点，因此而产生两种缺点。能容则择宽而纪律弛；思想自由，则个性发达而群治弛。故此后本校当于相当范围以内，整饬纪律，发展群治，以补本校之不足。

书中自有千钟粟

宋真宗赵恒道："富家不用买良田，书中自有千钟粟；安居不用架高堂，书中自有黄金屋；出门莫恨无人随，书中车马多如簇；娶妻莫恨无良媒，书中自有颜如玉；男儿若遂平生志，六经勤向窗前读。"

古时人们讲求"学而优则仕"，每个读书人都希望凭借才学踏入仕途，做官才能拥有良田千亩，家财万贯，琼楼玉宇，美人在侧。其实，宋真宗的这句话就是鼓励读书人要好好读书，将来才能有个好前程。

古人如此，今人又何尝不是？每个人都希望自己能够考进一个著名的大学，拿到一个全球公认的文凭，此后便可以平步青云。可是，要想得到这一切，首先要做的是读书。

家长们为了不让孩子输在起跑线上，从上幼儿园起就大下血本，动辄几万甚至几十万元的学费。家长们之所以如此在孩子的学业上下工夫，无非希望自己的孩子能够通过学习改变命运。其实家长对孩子的心思，何尝又不是对自己的心思？只是，自己已经没有机会从头再来了，所以才将希望寄托在孩子身上，这又是何必呢？只要肯努力，什么时候都不算晚。年过七旬的老夫妻尚能自学英语勇闯美国，正当年轻的我们又有什么是不可能的呢？事情的关键就在于肯不肯下工夫，有没有闯出一条路来的勇气。

1918 年的晚秋，正值北京枫叶最美的时节，年轻的毛泽东为组织赴法勤工俭学的事情带了 23 个湖南老乡进京。到京后，他把 23 个湖南老乡安排到北京大学、长辛店、保定等处的留法预备班中，而他自己呢，既不想去法国留学，也不想进大学读书，因为他一直以来所推崇的是自学。来到北京后的毛泽东一边自学知识，一边找工作以资糊口。

当时毛泽东暂住在鼓楼后豆腐池胡同北大教授杨昌济家中。通过杨昌济，毛泽东得到了北大图书馆主任李大钊和北京大学代理校长蒋梦麟的引荐，得到了一份图书馆助理员的工作：在第二阅览室管理15种中外报纸，登记新到的报刊和阅览者的姓名。虽然工资不高，但是毛泽东对这份工作十分满意，以至于后来在延安时期还津津乐道。他之所以感到高兴，就是因为他不但每月有了收入，而且还能大量阅读各种新奇的书刊，更可以结识北大名流和来自各地的青年才俊。工作之余，他还能跑到天安门广场，聆听李大钊演讲《庶民的胜利》。

虽然这段日子在毛泽东的一生中短暂得如同一道闪电，但正是这道闪电照亮了他此后非凡的人生之路。

读书是一个终身的学习过程，通过读书，我们可以收获知识，结识朋友，开阔视野。俗话说，胸中学富五车，自当富甲一方。读书也许并不能让我们家财万贯，但是它却可以帮助我们智慧地看待这个世界。

尽信书不如无书

尽信书不如无书，这是出自孟子的一句精辟透彻的读书法则，提醒人们在读书的同时要学会独立思考。书是一种记录、分析、总结、组织、讨论及解释并传播信息的媒介，而不是照本宣科的模板。若是尽信书，一切按照书中所讲去执行，肯定会出问题，如此还不如不读书。因为一本书的思想毕竟会受到作者当时所处环境的影响而有所局限，不可能做到面面俱到、事无巨细地为人们提供行事指南。

实践是检验真理的唯一标准。书中所写的内容难免有不足之处，我们在读书的同时需要靠自己的亲身实践来甄别和检验。如果完全相

信书本上所说，或者是完全依照着书本所说一字不漏地来做，这不仅会使我们缺乏独立思考的能力，更重要的可能会与我们所做的事背道而驰。

春秋战国时赵国名将赵奢之子赵括，年轻时熟读兵法，谈起兵法策略来头头是道，任谁也难不倒他。后来，他接替老将廉颇指挥赵国军队，在长平之战中，照搬兵书，不懂变通，贸然进攻，结果被秦军打得一败涂地，这件事后来成为纸上谈兵的笑柄。像赵括这种完全相信书的思维方式空洞而不切实际，不懂得根据实际情况灵活运用兵书战策，这样读得书越多其危害就越大。

如今，我们生活在高速发展的时代，日新月异，信息的更新速度远胜古代，处在此种情况下的我们，如果还不懂得在实际生活中灵活运用书本上的知识，过于死板，那么肯定会跟不上时代发展的脚步，结果不是被时代摈弃，就是被对手打败。

1930 年 12 月，蒋梦麟先生继续担任北大校长一职。他没有像死读书的书生那样一厢情愿地勾勒北大未来的蓝图，而是视察一番后才提出“教授治学，学生求学，职员治事，校长治校”的办学方针。后来，在这个方针的基础上，北大公布了《国立北京大学组织大纲》。大纲规定，北大的职志是“研究高深学术，养成专门人才，陶融健全品格”。在蒋梦麟校长的建议下，北大重建文、理、法三学院，实行学院制，各设院长一名。蒋梦麟在北大大刀阔斧的改革正式拉开了帷幕。

蒋梦麟接任北大校长后，虽然在很多地方做了改革，但是他所推行的仍是当年协助老校长蔡元培时制定的那一套管理模式，只不过增补了一些新的东西，突出了他那美国式的“十六字”管理方针和办事原则而已。

一个学校教学质量的好坏除了管理还要看师资队伍。为了加强北大的师资力量，蒋梦麟一面将流失的教授请回来，一面紧锣密鼓地延揽大批留学生来校任教。他对文学院院长胡适、理学院院长周炳琳和法学院院长刘树杞说："辞退旧人，我去做；选聘新人，你们去做。"就这样，他一个人揽下了容易得罪人的差事，将好差事交给了别人。

蒋梦麟在用人方面很好地继承了蔡元培不拘一格的好传统，挑选教师只看学术上的贡献。就拿钱穆来说，他虽然没有高学历，但是国学水平非常高，所以蒋梦麟就毫不犹豫地将其请来当教授，此举犹如当年蔡元培请梁漱溟的行事作风。在蒋梦麟的影响下，20 世纪 30 年代的北大聚集了一大批学有专长、业有专攻的大专家、大教授，北大的整体教学水平得以更上一层楼。

蒋梦麟以渊博学识和精明干练，在那段艰苦岁月里，将自己的思想运用到实际情况中去，竭智尽能，二十年如一日，将北大教学水平推到历史的顶峰，成为名副其实的北平国立八校之首。

如果蒋梦麟是一个只懂得纸上谈兵的老学究，那么他就不可能打造出一个如此辉煌的北大。任何时候，任何事情，从书本上都不可能找到最好的行事指南。亲临其境，用自己的眼睛，结合书中所学知识，方能量身打造出一个恰如其分的解决方案。

知识本身不是力量，会用知识才是力量

有些人家财万贯，却日渐贫困；有些人出身贫寒，后来却家财万贯。知识如同财富，不是说拥有了就是你的了，如果不懂得打理，再多的财富也会有穷尽的一天，懂得再多的知识也只是一个无用书生。

我国数千年来的传统教育中，知识改变命运的认知已经在我们的思想中根深蒂固了。大家都知道"行万里路，读万卷书"、开卷有益的道理。殊不知，我们可以由读书而搜集知识，却并不一定能够运用

书中所学的知识把糠和谷分开。如果不能将所学的知识灵活运用，那么懂得再多又有什么用呢?

培根说，知识就是力量。很多人误以为只要学了就能够让自己强大起来，其实不然。培根这句话想要告诉我们的是：想要有力量吗?那就学知识吧！知识能够产生力量，但是并不代表着知识就有力量。一个再有知识的人如果不懂得运用，那么他所拥有的知识是不能产生什么力量的。

我们经常听到这种说法“有才无识”或是“才有余而识不足”，其实说的就是懂得知识却不懂得利用知识的人。无论古代还是现代，满腹经纶、学富五车的大有人在，但是真正能成就功名的人却是鲜而有之。学问固然重要，但是有了学问不仅要会用，还要学会把握机会，发挥自己。不鸣则已，一鸣惊人。学习知识，还要在学习的过程中掌握运用知识的能力，这才是对“知识就是力量”的正确认识。

关于就任北大校长一事，蔡元培曾坦承：“综计我居北京大学校长的名义，十年有半；而实际在校办事，不过五年有半。”蔡校长此话说得没错，他在职而不在校的时间的确很多，而这些时候经常是蒋梦麟代为处理行政事务的。除了长期担任总务长，蒋梦麟更是三度代行校长职权，所以当时就有人评价说：“这五六年来的北大校长，与其说是蔡元培，不如说是蒋梦麟。”

1930 年 12 月，蒋梦麟辞去教育部部长，正式出任北大校长，此后直到抗战胜利，这是一段长达 15 年的时间。期间，北大受“兼容并包，思想自由”精神的影响而出现的“纪律弛，群治弛”两个缺点，蒋梦麟一直致力于“整饬纪律，发展群治，以补本校之不足”。

这一新思路，正是学富五车的蒋梦麟的创新之举，它使得北大的教学和科研在风雨飘摇的战乱年代仍然仍然能稳步上升，堪称一大奇迹。对此，蒋梦麟说：“从民国十九年到民国二十六年的 7 年内，我一直把握着北大之舵……一度曾是革命活动和学生运动漩涡的北大，已经逐渐变为学术中心了。”

蒋梦麟去台湾以后，在出席一次北大周年纪念时，傅斯年在演讲中表示：“孟邻(蒋梦麟)先生学问比不上孑民(蔡元培)先生，办事却比蔡先生高明。”由此可见，学问高深之人其办事能力并不见得一定高明。相较于胡适也是如此，尽管蒋梦麟的学问比不上胡适，但是办事却比胡适高明。蒋梦麟听后笑言：“这话对极了，所以他们两位是北大的功臣，我们两个人不过是北大的‘功狗’。”

知识是死的，而人是活的，只有将知识用活的人才能化知识为力量，在奔向成功的路上所向披靡。

读书不思考，好比吃饭不消化

英国作家波尔克说：“读书而不思考，等于吃饭不消化。”这句话与孔子所说的“学而不思则罔”有着异曲同工之妙。读书归读书，不动脑筋的死读书其实与目不识丁者无异。在阅读书籍的过程中，只有注重积极思考，开动脑筋，才能在阅读的同时增长知识，丰富头脑，提高自身的修养。

读书与思考是人们获取知识的两个相辅相成的手段，是一个人变得聪慧的思维活动。只学习不思考，就像吃到肚子里的食物没有消化，尽管觉得自己的肚子饱了，但是没有吸收到任何营养，若是如此，吃再多的饭，还是会觉得身体乏力。同样，只读书而不思考，读再多的书，也不过只是个知识储备器，真正到了应用的时候，脑子里挤不出一点有用的东西。

只有思考了，读的书才能够被真正吸收，成为属于自己的东西。读书不是“照搬”而是从书本上汲取前人的间接经验，化为己用。古

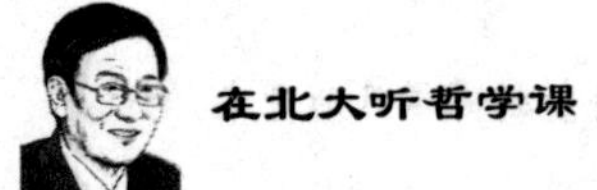

今中外，凡成大学问者，无一不是博览群书、读破万卷的人。人并非生而知之，只有不断学习前人的经验、成果，才能不断地充实自己的头脑，增长自己的见闻，少走弯路，才能进一步有所发现，有所创造。

多读书勤思考是吸收知识、成就自己所不可缺少的。勤于学习必须博览熟记，持之以恒。鲁迅先生曾经说过，读书“必须如蜜蜂一样，采过许多花，才能酿出蜜来，倘若叮在一处，所得就非常有限、枯燥了”，而这也正是为什么我们讲求“全面发展”的原因。一个人在社会上生存，总要接触到社会，知识太单一很难满足生活、工作所需的。只有多方面涉猎，才不至于当听别人在谈论我们所学专业知识之外的东西时如听天书。

学习是思考的基础，思考是学习的升华。只有在思考的前提下读书，书中的真理才能够被我们灵活运用。

受蔡元培的请求，民国政府教育部批准由蒋梦麟代理北大校长的职务。当时蒋梦麟从杭州北上抵达北大，北大的一些教授认为蒋梦麟是江苏教育会黄炎培的人，担心江苏教育会对北大有野心，所以反对蒋梦麟的到来，最终蒋梦麟还是来了。

初到北京的蒋梦麟是个新人，加上有很多人对他并不欢迎，这就使得他很不容易站住脚。蒋梦麟对此倒是有心理准备，所以他一开始行事就非常低调、谦逊。

为了打消别人的疑虑，蒋梦麟在教职员会上谦虚地说：“我只是蔡先生派来代捺印子的，一切请各位主持。”他如此开诚布公地摆正立场，台下的反对者也就不便于再指责什么了。蒋梦麟凭借自己的智慧与谦逊的姿态在校评议会上通过了聘他做教授、担任总务长的决议。

蒋梦麟算是在北大站稳了脚跟，但是棘手的事情还在后面。当时北大有一批被警厅拘押的学生，蒋梦麟知道这个担子并不轻松。他本着《诗经·邶风·雄雉》中所说的“不忮不求，何用不臧”的精神，从北大当前的形势着眼，积极与胡适、汤尔和、马叙伦等一班朋友展开了营救活动。他们四处奔波，使得警厅最终将所有在押学生无条件释放。

学到的知识就是用来为现实效力的，读书不是目的，能够学有所用才是读书的目的。蒋梦麟之所以能够将被押学生营救出来，就是因为一句“不忮不求，何用不臧”。这看似只是一句简单的哲理，但是被蒋梦麟作为救人的原则加以运用，最终才得以令学生无条件释放。

想要学有所用就得学会举一反三，灵活运用所学知识。读书的同时发挥主观能动性，进行积极、认真的思考，弄清知识的来龙去脉及知识的有机联系。学到的东西要在头脑中进行一次深加工，进一步开发大脑，继续求知。对此，法国著名作家伏尔泰有着十分精辟的论述，他说：“书读得越多而不加思考，你就会觉得你知道得很多。而当你读书思考得越多的时候，你就会清楚地看到你知道得还很少。”

坏书如坏友

读书，就像是交朋友，时间久了，与作者的思想产生共鸣了，书就变成了朋友、师长。读到一本好书就等于是交到了一个好朋友，它会带我们走出困境，重拾自信；而读到一本坏书，就像是交到了一个坏朋友，它会教坏我们，引导我们误入歧途。

正如好书的益处多的数不清，坏书的坏处也数不胜数。坏书不仅仅是指对身心有害的书，如色情、暴力、迷信等书刊，还包括一些腐蚀人心性的书。作家王小波曾说过：“我看过一些荒唐的书，因这些书我失去了天真。”王小波读的这些“荒唐的书”其实就是坏书中的一种，尽管它们可能与色情、暴力、迷信无关，但是它还是令王小波

“失去了天真”。

与失去天真相比，还有一些书甚至能教人失去善心和良心，市场确实有这么一类书，甚至这类书往往还能成为畅销书。

比如，曾经红极一时、被人们顶礼膜拜的处世著作《厚黑学》，也许一些无利不起早的商人或是政客们将其视为处世哲学，但是笔者实在不能苟同书中所宣扬的脸皮要厚如城墙，心要黑如煤炭，这样才能成为如同曹操、刘备、孙权、司马懿一样的“英雄豪杰”的观点。

也许有人将其称为“智慧”，但是这种所谓的“智慧”很不适合在全社会推广。此书其正面效果和价值微乎其微，全书讲求“黑吃黑”，若是放在战场上倒也无妨，但是在生活中如果遵照这类书处事，那么就可以说是百害而无一利了。人们读了不仅不能远离污垢之地，反而一入官场便开始钩心斗角，搅浑了官场该有的正气。

要想远离是非之地，就要远离是非之书。不要只看到社会的阴暗面，而忘记了身边美好的事物。

1916 年，陈独秀担任北大文学院长，极力推动文学革命。蒋梦麟与陈独秀都是前清秀才，尽管他们的政治主张不同，但是相处得非常好。蒋梦麟在回忆文中写过这样一个故事：有一次陈独秀问我：“唉！你这个秀才是什么秀才？”我说：“我这个秀才是策论秀才。”他说：“那你这个秀才不值钱，我是考八股时进的八股秀才。”我就向他作了一个揖，说：“失敬，失敬。你是前辈老先生，的确你这个八股秀才比我这个策论秀才值钱。”

两个人尽管有时会取笑对方，但是这从来没有影响到两人的关系。在蒋梦麟看来，陈独秀“为人爽直，待朋友很好”。他说：“我们两个人有一个相似的习惯，在参加宴会的时候，一坐下来，总爱把冷盘或第一二道菜尽量地吃，等到好菜上来时，我们已经吃饱了。所以大家说笑话，称我们这两个急性子，同病相怜。”

两个人尽管“同病相怜”，后来在政治上的主张却南辕北辙。然而，当陈独秀遇险时，蒋梦麟仍然义无反顾地救他。有一天，蒋接到警察厅朋友的电话：“我们要捉你的朋友(陈独秀)了，你通知他一声，早点跑吧！不然大家都不方便。”蒋梦麟放下电话后，赶紧跑到陈独秀住处叫他马上逃走。

也许，我们与有些朋友总是走不到一块，但是只要此人心底不坏就好。不要像厚黑学里所宣扬的那样，每个人都是“人不为己，天诛地灭”的。如果总是以猜疑之心度人，那么最终就会连一个值得信赖的朋友都没有了。

一些教人向恶的坏书还是少读为妙，这样我们看到的世界就能干净一些。坏书存在是个不可否认的事实，有时甚至一不小心就成了“大众读物”。有些书虽然有它存在的价值，但是只能作为反面教材来翻阅，切不能当成传世经典来推崇，否则会害己又害人。

学会莫如会学

就像好读书不如读好书一样，学会也不如会学。从宏观上来讲，学会是静态的，是一时的，其能够对我们产生影响的时空是有限的；而会学是动态的，是长远的，其能够令我们受用的时空是无限的。会学的人就像是掌握着制造工具的方法，以后可以自食其力，其智慧必定是取之不尽，用之不竭。

会学的人即使没有师父在身边，他们也能够依靠自己的摸索探索出事情的真相，获取知识不受时间地域的限制。很多人在学习中存在一个问题，那就是不会学，不会自学，没有老师自己就不再是一个学生。其实自学能力问题关系到一个人一生，它不仅仅会影响到学生时代的学习能力，还会影响到适应社会的能力。所以，应该逐步培养和提高自己会学的能力，这不仅仅会直接关系学习成绩和效率，还会关系到工作中的可持续发展能力。

不管现在正处在哪个年龄阶段，会不会学的问题都会对一个人学习或事业产生很大的影响。如果你是“先天不足”的低文凭者，那么你就绝对不能放松对自我学习能力的培养。

我们经常会看到一些高学历的人，在公司里没能彰显出其优势，一直默默无闻、业绩平平。究其原因是他们一旦离开老师的引导，不知道该怎样向身边的人学习。社会本就是一个相互竞争的平台，每个人的工作压力都很大，又有谁会专门拿出时间来手把手教你去适应新环境？要想适应新的工作环境，要完全靠自己留心观察、学习，而一个“不会学”的人是很难做到这一点的。

蒋梦麟 5 岁多就进了私塾，幼小的他非常痛恨那种死板的读书生活，多次逃学回家，甚至曾发誓要杀了教书先生，烧毁私塾。他在回忆起小时候的事情时说：“在最初几年，家塾生活对我而言简直像监狱，唯一的区别是，真正监狱里的犯人没有希望，而家塾的学生们都有着前程无限的憧憬。所有的学者名流、达官贵人不是都经过寒窗苦读的煎熬吗?”

年纪尚小的蒋梦麟很快就接受了现实，边憧憬着未来边忍受着监狱似的煎熬。蒋梦麟说，他童年的学习主要源于三个方面：一是念古书，二是听故事，三是观察大自然。正是小时候的这些经历才逐渐养成了他长大后的观察力、好奇心和理解力，加上他喜欢思考，讨厌死记硬背，自学能力强，所以才有了后来的成就。

从蒋梦麟的学习经历中我们可以发现，自学意识是掌握知识的起点，思考是发现知识的窗口。会学习的人凭借积极思考和研究终有所成。应试教育要求死记硬背现成的知识，这在很大程度上扼杀了人们积极主动学习的天赋与智慧。

未来的文盲不再是不识字的人，而是没有学会怎样学习的人，这句话绝对不是危言耸听。但凡在社会上有所作为的人，并不只是学习好的人，更多的是能够更好地适应社会、知道自己去学习的人。我们在学校学习的时间毕竟短暂，而自学却是终身的。我们在学校里学到的知识拿到社会上是远远不够用的。俗话说："师傅引进门，修行在个人。"一个人有怎样的人生，关键要看他的自我学习能力怎样。

抛下学校里没有老师不成课堂的那一套吧，将身边的一切当成研习的教科书，细心观察，不耻下问，大胆质疑，唯有这样才能培养出高效的学习能力和敏锐的洞察能力，如此才有勇气大胆创新，才能发现机遇，并适时抓住机遇，最终走出一条属于自己的成功之路。

不止在学校学，更要在生活中学

知识不仅仅局限于书本，仅靠在学校里学到的知识很难适应包罗万千的社会。生活中的知识更值得学习，这有利于我们更好地与这个社会相处。

生活是多彩的，也是复杂的，不同的领域，不同的行业有很多东西值得我们学习，而这些都是书本上学不到的。如果一个人，他的知识仅来自书本，那么他与人交流的能力一定有限，他在社会上很难发挥自己的才华，当然也就得不到很好地成长。这就是因为，他不懂得生活，不知道社会所需的知识是要从生活中学习的。

你可能会问，怎样从生活中学习？生活中有什么东西是值得我们学习的？殊不知，书本上的知识也是从生活中总结出来的，所以说生活是一切知识的源泉，是囊括万千的智慧宝藏。如果我们能够看到生活中的忍耐，就可以学会耐心；如果我们能够发现生活中的尊重，便可以看到自己的价值所在；如果我们能够发现生活中的感动，便可以感受到幸福。

书籍是人类进步的阶梯，生活是使人类进步的电梯。生活中充满了我们所不懂的事物，一切知识都是为了更好地解密生活、服务生活而存在的。生活中，许多东西都会给我们以智慧，学会从生活中学习，学会去学习生活、品味生活，你就会发现，原来真正的老师就在身边。当你开始从生活中学习，一切则又是新的开始，你将以一个新学生的身份加入社会的大课堂中去。你只需要打开视野，看看生活中的智慧，倾听朋友的声音，就会感受到那不曾感受过的奇妙世界。

蒋梦麟在北大的功业，是从 1919 年五四运动之后代蔡元培任校长开始的。此后的中国，凡是稍有良知的教育家，都不禁陷入顽固强硬的政府与热情激进的学生之间的夹缝中，被生存与良知碾压。

蔡元培离开北京后，将北大的校务委托给了胡适等人。胡适在内外夹攻中疲于应付，他想到蔡元培与蒋梦麟关系非同寻常，不得不致函蒋梦麟急来救火。7 月 14 日，蔡元培约蒋梦麟自上海到杭州，一起游览花坞。蒋梦麟与汤尔和留下吃晚餐。蔡元培在餐会上接受汤尔和的建议，决定由蒋梦麟代表他前往北大主持学校事务。

在北大毫无根基的蒋梦麟到达北京之后，可以说此时他只是蔡元培身后的影子。初上台的蒋梦麟在一次会议上公开说道，他只是蔡先生派来按印子的，一切仍由各位主持。然而，在此之后，就是这个“按印子”的人，从 1919 年到 1926 年三度代行校长职权，长期担任总务长，实际主持校务工作，成为蔡元培绝对不可或缺的助手。

蒋梦麟在北大主持校务期间，也学到了很多的东西。他明白，要想在北大站稳脚跟，就要谦逊，行事低调，只有做出成绩来，别人才能心悦诚服地听从你的安排。

经历过五四辞职风波的蔡元培，更加主张“组成健全的教授会，使学校绝不因校长一人的去留而起恐慌”。蒋梦麟从蔡元培“教授治校”的构想中得到启发，在这一构想的基础上加入自己的聪明才智，开始在北大建立新的行政组织，其中评议会为北大首创。评议会是校内最高权力机关，会员中包括由教授互选而产生的代表，目的是让教授有参与学校治理的机会。之前没有当过校长的蒋梦麟通过自己的观察与学习，找到了一套适用于北大的教育理念。

生活就是如此，难免会遇到从没有遇到过的事情，但是这并不意味着无计可施，只要静下心来观察，我们就能从中得到启发与灵感，从而找到一套属于自己的处事风格或解决方法。

学习不会创造，模仿抄袭一生

一个民族只有学会创造、勇于创新才能立足于世界不败之林，才能更好地发展和开拓。同样，一个人也只有学会创新，才能不被潮流落下，才能在生活中创造出更多的价值。

创新对于人们生活的价值不言而喻，它不是科学家的专利，而是每一个普通人都应该做的事。教育家陶行知说过这样一句话：“处处是创造之地，天天是创新之时，人人是创造之人。”尽管我们不是专注于产品创新的科学家，但是可以成为有创造性的人，创造和创新并不是不可期冀的梦想。其实，在生活中，有很多地方是需要我们发挥自身的创造力去超越，去突破。

我们应该学会大胆创新，学会运用丰富的想象力为工作和生活找到全新的方法。当我们换一个方式工作、生活时，就会发现另一片新的天地。创新之路可能会很曲折，凡是新的东西都需要一段时间来适应社会，让社会来验证它的真伪，所以，在创新路上，关键的是要相信自己，要坚定地走下去。

1959 年，蒋梦麟在台湾地区提出节育人口，这一新主张一经提出就遭到了“立法委员”及舆论的围剿，甚至有人提出了“杀蒋梦麟以谢国人”的口号。可见，当时蒋梦麟所面临的社会各界的压力有多大。这位前北大校长在记者招待会上公开表示：“我现在要积极地提倡节育运动，我已要求政府不要干涉我。如果一旦因我提倡节育而闯下乱子，我宁愿政府来杀我的头，那样在太多的人口中，至少可以减少我这一个人！”

这就是蒋梦麟的创新性认识在受到众人质疑的时候，所拿出来的舍生取义的坚决态度。

同年，蒋梦麟终于等到了他的知音。海峡对岸，时任北大校长的马寅初在一片批判声浪中发表《我的哲学思想和经济理论》，公开支持蒋梦麟的这一思想，呼吁控制人口增长，提高人口素质。马寅初在文中还有一篇“附带声明”，其言铿锵，义勇之气毫不逊色于蒋梦麟，他说：“我虽年近八十，明知寡不敌众，自当单枪匹马，出来应战，直至战死为止！”

有良知的学者是社会的财富，而富有创新性的思维则是他们个人的财富，他们广开先河式的创造不仅仅成就了其为国效力的人生理想，更重要的是直接影响到了普通民众的福祉。

如今的我们也要摆脱教条主义框框的限制，充分运用散式思维，从生活中发现值得创造的东西。一般来说，人们在思考问题时，往往容易形成思维定式，在这种思维定式的影响之下，即使有了新的想法，也不敢大胆去尝试。因此，只有另辟蹊径，抛去惯有思维，换一个角度去观察生活，才会有新的突破、新的收获。

第十堂

梁实秋讲生活的情趣

梁实秋(1903—1987)，原名梁治华，笔名子佳、秋郎、程淑等，浙江杭县(今余杭)人，生于北京，中国近现代著名散文家、学者、文学批评家、翻译家。1923年8月赴美留学，取得哈佛大学文学硕士学位。1926年回国后，先后任教于东南大学、青岛大学、北京大学，1949年到台湾任台湾师范学院教授，1987年病逝于台北。梁实秋一生著作颇丰，尤其是对中国传统文化有着独到的见解。其《雅舍谈吃》一书被中国美食界奉为经典。

食不厌精，脍不厌细

俗话说：“民以食为天。”以前的人们因为贫困将食物视为生存的必需品，现在的人们不必再为吃不饱而发愁了，所以饮食对我们而言，就不只是果腹的东西了，它还代表了一种生活态度。对于热爱生活的人们来说，享受美食是生活中不可或缺的。

美食纪录片《舌尖上的中国》在央视播出后，风靡全国，甚至走出了国门。纪录片第一次系统地介绍了中国各地颇具传统意味的饮食文化，不自觉地勾起了国人想要探访的食欲。想起几个镜头下的各种美食，真是让人垂涎欲滴，欲罢不能。与此同时，纪录片不仅在视觉上给观众展示了精致的美食，更是展现了千年中华历史沉淀下来的饮食文化。

说到饮食文化，首推孔子。孔子很重视饮食文化，他说“食不厌精，脍不厌细”。而民国时期的梁实秋先生对于饮食，跟两千年前的孔子有着相同的看法。

梁实秋一生对饮食的认识集中体现他的《雅舍谈吃》中，他认为，“馋，则着重在食物的质，最需要满足的是品味。馋，基于生理要求，也可以发展成为近于艺术的趣味”。

实践出真知，梁实秋之所以如此热衷于谈吃，想必他一定很喜欢吃了。出身于北京的梁实秋先生的确是个十足的“吃货”。有传言称，他早年在清华大学求学的时候，曾创下一顿饭吃十二个馒头、三大碗炸酱面的纪录。当然，关于这个惊人的消息，我们无从考证。不过想来是因为他身在那个不能温饱的年代的原因吧！令人惋惜的是，一个如此喜欢吃的人，后来不幸患上了糖尿病，吃东西有所忌讳，想必这也夺走了他生活中不少的乐趣吧！据说有一次他因为贪嘴，偷吃了一颗荔枝，不幸被爱妻抓了个正着。妻子担心他的身体，不由得大发雷霆。这个故事后来还成为大家对他调侃的谈资。

梁实秋先生爱吃是出了名的，但他不是那种毫不讲究的瞎吃，是属于那种会吃的人。读过梁先生对老北京的一些美食的描述，不难发现他对吃的讲究，隐约中体现着一种老百姓对吃的朴实想法和文人对生活的感悟。他的文章字里行间体现出来的感情十分坦率，语言平实，没有花架子，将饮食付之于生活，又从饮食中品味生活，对饮食的认知有着一种文人的渊博与风雅。哪怕是一颗白菜、一块猪肉、一个汤包，他都可以从生活中入手开始谈起，谈及典故，纵横南北，从小菜中管窥大千世界。

《雅舍谈吃》不仅仅是一本描述饮食的食谱，还是一本对生活的感悟。如今，饮食已经变成了与我们的生活息息相关的文化，不再只是生理上的需求，更多的是为了满足爱美食的心理需求，为了享受，为了更健康的生活方式。

在我们自以为吃遍了大江南北各大菜系的时候，其实正宗的巷口小吃，我们都没有吃过，甚至都没有听说过。翻翻梁先生的《雅舍谈吃》，从目录就可以看出，里面写得多的还是极具生活气息的家常菜，如醋熘鱼、火腿、炸丸子、豆腐、酱菜、汤包、腊肉。看着目录，就好像回到民国时期的家庭大院中，一大家子人围坐在一起吃着家常菜，聊着家常话，不觉倍感亲切。

其实饮食就是生活，是一家人围坐在一起的温暖与幸福，是儿时的一段记忆，是家的味道。外面忙碌奔波的我们，每每回到家都是贪恋家中小菜的味道，它们尽管没有外面餐厅的菜肴精致，但却是最可口的，是最熟悉、最惦记的一种味道。所以，不管在外面有多忙，有时间就常回家看看吧，家里有惦念我们的亲人，也有我们惦念的饭香。无论在外面有多累，受到多少委屈，承受多大的压力，只要回家看到餐桌前自己最喜欢吃的几道菜，相信所有的烦恼都会烟消云散，剩下的就只有飘进心扉的熟悉的香气。

爱情不是生活的点缀

《圣经》中说，女人是由上帝从男人身上取下来的一根肋骨变成的，所以男人的一半是女人，两个原本互不相识的人相识相恋，然后结合在一起，共同生活。冥冥之中，我们的生活因为爱情的出现而发生了细微而长远的变化。

“死生契阔，与子成说。执子之手，与子偕老。”这也许就是写给爱情最美的情诗了。想象一下，“执子之手，与子偕老”的生活，两个人一起为了爱而拼搏，一起为了幸福而相守。爱情不再是生活的点缀，而是幸福人生的源头。

情投意合的爱情就像打在两个人头上的一把伞，当风雨烈日的时候，这把伞可以为两个人挡风雨，遮烈日。有了这把伞，我们就有纳凉的地方，就有栖息的港湾，回到家时看到心爱的人就会觉得特别安心。生活若如此，又怎会不幸福呢?

也许你会觉得爱情就是生活的点缀，是趁着年轻享受的游戏，事实并非如此。越是懂得爱情的人，越是将爱情视为生命。梁实秋曾经经历过一段美满的婚姻，而正是这段婚姻令他感到幸福不已。当他的夫人不幸在事故中去世的时候，梁实秋仿佛看到自己的人生走到了尽头。但是令他没有想到的是，当71岁的他看到小他28岁的韩菁清的时候，他渴望爱情的心再一次跳动起来。

自从梁实秋与韩菁清相识以后，梁实秋每天都与她在一起，或者谈文学艺术，或者道国事家常，或者一起吃饭、散步，再次找到幸福的梁实秋鼓起勇气向韩菁清表白心意。然而，韩菁清已过了满脑子幻想的年龄，听到梁实秋的告白之后，她不由得想到横亘在他们面前的最大障碍是梁实秋已经71岁了。尽管她明白爱情是没有年龄限制的，但是眼前的梁实秋却已到了古稀之年，戴着助听器才能听到声音，又患了严重的糖尿病，要嫁给这样的男人，确实是需要勇气的。

与韩菁清的犹豫相比，梁实秋却一往无前，攻势猛烈。从他们相识后的第六天开始，梁实秋就像做功课一样，每天一信递到她手上。他知道她心中犹豫，于是在信中写道："不要说悬崖，就是火山口，我们也只好拥抱着跳下去。"梁实秋毫不逊色于少年对爱情的执着终于感动了韩菁清，他们成为夕阳下的一对挚爱情侣。

在梁秋实看来，这是一份足以令他的生命得到延续的爱情。他说："我像是一枝奄奄无生气的树干，插在一棵健壮的树身上，顿时生气蓬勃地滋生树叶，说不定还要开花结果。小娃，你给了我新的生命。你知道么？你知道么？……我过去偏爱的色彩是忧郁的，你为我拨云雾见青天，你使我的眼睛睁开了，看见了人世间的绚烂色彩。"

梁秋实将所有的热情付之于一份感情，终于，他们结婚了。晚年梁实秋耳聋加上又犯有糖尿病，身体状况并不乐观。韩菁清对此已经做好了心理准备，她悉心照顾着夫君的起居，每晚下厨为夫君煲汤，饭后搀扶着一起散步，生活甜蜜而温馨。

就这样，梁实秋找到了生命的另一半，重新找到了对生活的憧憬，他们之间的爱情令世人既惊奇有羡慕不已。

在越来越物质的当下，爱情婚姻似乎也开始变得越来越物质了。然而，要知道，爱情终究不是生活的点缀，而是生活的全部。在爱情面前，无论我们经受着世俗中多少考验，为了能够拥有一个幸福的家庭，无论如何都要守住内心中那份最真挚的感情。

为平凡的生活增添一抹浪漫气息

有人说，婚姻是爱情的坟墓。尽管很多相爱的人即使结了婚也依然过得很幸福，但不可否认的是的确有一些婚前相爱的人婚后的感情逐渐变得冷漠，甚至争吵不断。究其原因，不是因为他们不相爱了，也不是变心了，而是在家庭琐事中忘记了爱彼此，忘记了给婚后平凡的生活增添一抹浪漫的气息。

随着 80 后、90 后一代长大成人，纷纷组建起自己的家庭，逐渐开始像父辈一样面临着来自家庭的各种问题。与上几代人相比，年轻的 80 后、90 后很多是独生子女，做饭、洗衣等家务活没有做过多少。也许你觉得这些不会成为影响家庭幸福的关键因素，但是最近一项由中国人民大学发起的网络调查结果显示，一个家庭幸福指数和女性会不会做饭有着紧密的联系，如果女性不会做饭，其家庭幸福指数普遍较低。

调查数据显示，有六成男性认为女性应该会做饭。在“女性厨艺水平对家庭幸福程度的影响”这一项调查中，有高达 65%的男士选择了等级最高的“很有影响”，另外有 20%的男士选择了“有影响”，被调查的男士只有 15%选择了“略有影响”和“毫无影响”。

也许在恋爱的时候女性会不会做饭并不会影响到双方感情的发展，但是一旦组建起家庭，夫妻双方所面临的将是相守一生的平淡生活。

在漫长的日子里，家常便饭是不能逃避也是逃避不了的事情，除非男方会做饭也愿意做饭，否则一个谁都不做饭的家庭将很难幸福地维系下去。

家庭的幸福在于夫妻双方日常的交往接触，而女性在家做饭是家庭的一个重要组成部分。饭菜不需要什么山珍海味，只要可口就能增进夫妻感情，给人居家过日子的感觉。家有了烟火气，才能感受到温度。

当然，这并不是说做饭就一定是妻子的责任，如果丈夫闲暇之余能一展厨艺，或是帮助妻子择菜、洗碗，那么家里所弥漫的将是另外一番浪漫气息。生活就是如此，需要夫妻双方一点一滴地制造浪漫，这样才能令两个人爱情得以保温，婚姻长长久久。

梁实秋先生一生充实而潇洒，妻子贤惠，儿女孝顺。

梁实秋的第一任妻子叫程季淑。那年秋天，梁实秋只有 18 岁，正在清华读书，回家之后家里为他准备了一门婚事。他看到书桌上红纸条上写着：“程季淑，安徽绩溪人，年二十岁，光绪二十七年二月十七日寅时生。”面对这桩包办婚姻，他没有显出太大的抵触，反而因为种种好奇，想约对方出来见一面。

冬天的时候，两个人终于在城南珠巢街(陶然亭附近)女子职业学校见了面，那里是程季淑教书的地方。程季淑衣着朴实大方，看起来就像个女学生，梁实秋第一眼对她的印象就极好。

程季淑不但长得漂亮，而且心灵手巧，和梁实秋初次见面的时候，她穿的衣服、裙子、鞋子都是自己缝制的，她还给梁实秋亲手缝制了一个枕套，非常精美。梁实秋每天晚上枕在上面睡觉，不禁会时时想起程季淑。后来梁实秋学成归国后与程季淑在北京南河沿的欧美同学会举行了婚礼。

婚后，有一天梁实秋把婚戒弄丢了，为此自责不已。程季淑反倒安慰他说，“没关系，我们不需要这个。”还有一次，好友徐志摩跑到梁实秋家里找他，说有人请客，喊他一起去喝花酒。梁实秋怕夫人生气，于是上楼请示，结果程季淑不但没有反对，反而大方地说，“你去嘛，见识见识。”

当晚梁实秋吃完饭后没有流连欢场，马上就回家了。妻子见他回来了就笑问道：“怎么样？有什么感想？”梁实秋感慨道：“买笑是痛苦的经验，因为侮辱女性，亦是侮辱人性，亦即是侮辱自己。”

梁实秋与程季淑的感情不但没有被平淡的生活冲淡，反而在平淡中历久弥香，实在令人羡慕。正所谓千年修得共枕眠，两个人能够携手走进婚姻，组建家庭绝非偶然。夫妻之间一定要珍惜这份来之不易的缘分，需要彼此好好经营，而这一切，都可以从生活中的一点点温馨开场。

说话是一种艺术

说话是一件最容易的事，也是一件最难的事。说它容易，是因为就连三岁小孩都会；说它很难，是因为就算是最擅长辞令的外交家也难免有说错话的时候。

说话可以说是沟通艺术。一个人的沟通能力好，小则可以讨喜、动人，大则可以保身、兴邦。就拿历史上的苏秦、张仪来说，靠一张擅长说话的嘴得以游说诸侯，使战国的格局为之改变的；而诸葛亮之所以能够说服孙权，使得三国最终形成鼎立之势，靠的也是他出众的口才。虽然我们的身上没有肩负着国家的重任，但是如果在工作或是生活中掌握不好说话的分寸，就很容易在不经意间得罪人，给我们的工作和生活带来阻力。

说话是一种技巧，但更是一门艺术。无论与同事、领导谈工作，还是与妻子、父母谈生活，与孩子进行交流、教育，或是同朋友、客户联络感情，你的沟通能力都会显得尤为重要。说什么，怎么说，什么话能说，什么话不能说，这些都将直接关系到谈话的结果。如果能够很好掌握说话的艺术，那么你就能够在这个注重人际沟通的社会中事半功倍，避免不必要的麻烦。

善于沟通的人能够广交五湖四海的朋友，从而为自己的事业建立良好的人际关系；善于沟通的人，可以轻松自如地调解纠纷，斡旋争端，让自己少一些敌对的人；善于沟通的人，能够建立很好的朋友群，令自己的生活丰富多彩。

梁实秋先生擅长讲演，其谈话方式也是独具风格，经常会给人们留下深刻的印象。在台湾师范学院任教期间，当时的校长刘真常请名人到校讲演。有一次，受邀演讲的主讲人因为一些缘故迟到了，坐在下面的师生等得不耐烦了。刘真想到了梁实秋，于是就请在座的梁实秋上台先给同学们讲几句话。

梁实秋不愿意充当这类角色，但是校长当众请他，也不能公然拒绝，只好硬着头皮登台，以一副无奈的表情慢吞吞地说："过去演京戏，往往在正戏上演之前，找个二三流的角色，上台来跳加官，以便让后台的主角有充分的时间准备。我现在就是奉命出来跳加官的。"台下已经等得不耐烦的师生们听到这句话，不禁哄堂大笑，梁实秋简单的几句话驱散了师生们的不快。

对于说话，梁实秋认为，说话和作文一样，有主题，有腹稿，有层次，有头尾，不可语无伦次。写文章肯用心的人不太多，说话知道剪裁的就更少了。写文章讲究开门见山，起笔最要紧，要来得挺拔而突兀，或是非常爽朗，总之要引人入胜，不同凡响，说话也是如此。开口便谈天气好坏，当然不失为一种寒暄之道，究竟缺乏风趣。常见有客来访，宾主落座，客人徐徐开言："您没有出门啊？"主人除了重申“我没有出门”这一事实之外没有法子再作其他的答话。

谈公事，讲生意，只求其明白清楚，没有什么可说的。日常生活中的说话大都属于“无题”、“偶成”之类，没有固定的题材，信手拈来，自有情致。情人们喁喁私语，总是有说不完的话题，谈到无可再谈，于是“此时无声胜有声”。老朋友们剪烛西窗，班荆道故，上下古今无不可谈，其间并无定则，只要对方不打哈欠。禅师们在谈吐间好逞机锋，不落迹象，又是一种境界，不是我们凡夫俗子所能企望得到的。善谈和健谈不同，健谈者可使四座生春，不过多少有点霸道，善谈者尽管口吐莲花，但总会给人留有说话的机会。

可见，说话的确独有一番学问在里面，而我们要想获得同事的尊敬、领导的青睐，在职场中如鱼得水，平步青云，就要从打磨自己的说话能力做起。正着说，反着说，抢着说，缓缓说，给人的感觉都是不一样的。另外，在不同场合营造气氛、引爆笑点、埋下伏笔、点到为止等说话技巧也是非常重要的，所以开口前一定要用心应对。

生活要过得有滋有味

我们之所以会在生命的任期里辛勤奔波，无非为了活出一番滋味来。无论家庭、事业，还是朋友圈，都是生活中的调味品。

我们都在追寻幸福，要将生活过得有滋有味，实际上生活的幸福感无处不在，只是有时候我们的脚步太快了，眼界太高了，没有看到而已。生活的滋味究竟是怎样的？怎样才活得有滋味？每一个人都会有各自的理解和追求方式，正所谓仁者见仁智者见智，很难为幸福找到一个统一的标准答案。

背包客说，生活的滋味就是无所顾忌的流浪，不用担心自己是否会迷路；明星大腕说，生活的滋味就是闪光灯与掌声，就是万人簇拥的感觉，就是万众瞩目的存在；恋人们说，生活的滋味就是约会时的惊喜，花前月下的甜言蜜语，是情人节收到的巧克力的味道。那么，你认为生活的滋味是怎样的？

其实生活的滋味就是每一个人的内心感受，酸甜苦辣，因人而异，参差多态，但又并非不可捉摸。哪怕你的生活平淡得如一杯白开水，可就是因为是杯白开水，所以无论将什么味道放进去都不会遭到破坏。相反，如果你的生活是一杯香醇的奶茶，如果你想喝一杯润口的柠檬汁，一旦将柠檬汁倒入奶茶中，其结果会怎样？

殊不知，平淡才是生活最好的味道，因为你随时都可以根据自己的口味去调配。烦闷了，就出去旅游；有心事了，就约上三五好友出去喝酒；看到约会的情侣幸福的画面，就陪喜欢的人去看场电影，吃顿美餐。生活如此，还有什么味道不能够拥有呢？

1974 年，梁实秋和他的第一任妻子程季淑在美国的西雅图幸福地安度晚年，他们的生活平淡而温馨，充斥着香醇巧克力的味道，两个走在一起就好像是世界上所有情侣中最典型的一对。然而，生命总是脆弱的，4 月 30 日这一天，梁实秋和妻子到市场购物，临街的一个梯子突然倒下，正好砸在程季淑的身上，终因伤势过重，离开了人世。面对老伴的突然离世，梁实秋悲恸欲绝，甜蜜的生活顿时变成了一杯难以下咽的苦水。在这个沉重的打击之下，梁实秋提笔写下《槐园梦忆》一书，借以寄托对亡妻的悼念之情。半年后，梁实秋应邀来台，认识了韩菁清，他们的相识就像是命中注定的一样，梁实秋很快找到了恋爱的味道。

梁实秋因为要处理妻子的索赔诉讼需要飞回美国，正在热恋中的他给韩菁清写信："亲亲，我的心已经乱了，离愁已开始威胁我，上天不仁，残酷乃尔！"而留在台湾的韩菁清则回道："秋：你走了，好像全台北的人都跟着你走了，我的家是一个空虚的家，这个城市也

好冷落！”

1975 年 3 月 29 日，再也经受不住相思之苦的梁实秋提着一箱书信，飞越太平洋，来台湾与韩菁清洞房花烛。婚礼那天，年过七旬的梁实秋比新娘子还光彩照人，他满面春光，沉浸在新婚的喜悦里。结婚后的两人像所有的夫妻一样，偶尔也会有争吵，但大多是因为误食有害健康的食物，才会争吵。妻子生气了跑进洗手间里，梁实秋则在门外唱起那首两人常唱的歌《总有一天等到你》，不一会儿又像孩子一样压低嗓子装出悲恸欲绝的音调唱起那首《情人的眼泪》，直到她弯腰笑着走出洗手间，两人一起欢快地笑出眼泪。

对于每一个人来说，生活的滋味就是身边幸福的小感动，这才是生活的真滋味。它对每一个人来说都是非常具体、细致入微的，有时平淡得甚至让你感受不到它的味道，但是你不得不相信，爱将贯穿生活的始终，令你觉得幸福而甜蜜。生活中的酸甜苦辣，就是你忘了细心品味的小幸福，但是只要认真回味一下，就会觉得其实生活一直有滋有味。

简朴生活仍可过得精致

请朋友们先来构思这样一种状况：你住在一个偏僻的小乡村，每天过着朴素简单的生活，离你最近的城市也要坐车两个小时才能到达。在你居住的乡村中，没有什么现代化的娱乐，唯一能够感受到工业时代的就只有电视屏幕。你的工作就是种田，虽然有时会很辛苦但却并不忙碌，有很多的闲暇时间读书、写字、晒太阳，在干净而清新的大自然中，能够体会一切纯天然的美。

然而你厌倦了这一切，开始向往电视屏幕里面那灯红酒绿的都市生活，最终选择搬家，搬到了城市。在城市里，你得到了向往中的快节奏，朝九晚五的工作，工作之余是丰富的夜生活，然而渐渐的，你发现，工作让你越发的疲惫，夜生活掏空了你的身体和精神，你开始变得麻木，生活虽然变得丰富多彩，然而头脑却越来越简单，只想着什么时候能摆脱这一切。

不知道朋友们是否有真过这样的经历，但我们知道的是，在现实生活中，处在后一种状况并羡慕前一种状况的大有人在，否则就无法解释为什么那么多的人宁愿把自己一个月甚至几个月的积蓄掏出来花在西藏、云南这样的地方了。

现如今，人们的生活越来越好，生活内容越来越丰富，但幸福却变成了奢侈品。很多人过着很好的生活，有着很高的收入，却失去了健康身体和充实的内心，这是为什么呢？

想要寻找这一问题的答案，不妨看一看跟我们一衣带水的近邻日本，我们今天所经历的工业化、城市化的进程正是几十年前日本人所经历的，在同样处于幸福缺失的年代，日本人是怎么做的呢？

可能有很多朋友不知道，从上个世纪八十年代开始，有一本咱们中国的古代典籍在日本社会各阶层广泛流行，经久不衰，很多日本的企业家、政治家和学者都把它作为立身和处世的模范，这本影响颇深的典籍的名字叫做《菜根谭》。

为何《菜根谭》会被日本各界奉为经典呢？因为随着战后经济的复苏，人民的富足，日本人在繁荣的社会现状中反而迷失了自我，逐渐脱离了生活的真谛，老年人变得空虚，年轻人变得拜金，社会越富足人们反而愈来愈不幸福。在这种情况下，一些日本人开始倡导返璞归真，在他们看来，想要获得充实就要抛开杂念，明白真正的生活真谛，由此崇尚朴素的《菜根谭》就成了很多人的精神支柱。

其实，日本人追回幸福的道路实际上就是一条返璞归真的道路，放弃那些纷繁冗杂令人眼花缭乱的生活，活得简单一点，平淡一点，幸福就自然会回到我们身边了。

梁实秋先生曾经做“雅舍之谈”，后来汇集成为一本文集，就是著名的《雅舍小品》。《雅舍小品》虽然出版于1949年，但文章大多是在1940年到1948年这8年里陆续完成的。这8年是战乱频仍的年份，梁先生随国民政府颠沛流离，生活不可谓不艰辛，如此艰辛的生活，享乐自然是不必谈的，但先生却用乐观的态度写出了一篇篇优美的散文。这就告诉我们，物质上的匮乏是能够用精神上的富足来弥补的，只要有一颗善于在生活中寻找美好一面的心，简朴的生活仍然可以变得精致有情趣。

梁实秋先生在一篇名为《寂寞》的散文中写到：

寂寞是一种清福。我在小小的书斋里，焚起一炉香，袅袅的一缕烟线笔直地上升，一直戳到顶棚，好像屋里的空气是绝对的静止，我的呼吸都没有搅动出一点波澜似的。我独自暗暗地望着那条烟线发怔。屋外庭院中的紫丁香还带着不少嫣红焦黄的叶子，枯叶乱枝的声响可以很清晰地听到，先是一小声清脆的折断声，然后是撞击着枝干的磕碰声，最后是落到空阶上的拍打声。

这时节，我感到了寂寞。在这寂寞中我意识到了我自己的存在——片刻的孤立的存在。这种境界并不太易得，与环境有关，更与心境有关。寂寞不一定要到深山大泽里去寻求，只要内心清净，随便在市廛里，陋巷里，都可以感觉到一种空灵悠逸的境界，所谓“心远地自偏”是也。在这种境界中，我们可以在想象中翱翔，跳出尘世的渣滓，与古人同游。所以我说，寂寞是一种清福。

写这篇文章的时候，正是全国抗战最紧要的关头，梁实秋先生随国民政府仓皇迁到重庆，任职于国民政府教育部。当时先生孤身一人深处异乡，既要承受家国丧失之痛，又要忍受思亲之苦，再加上生活环境的困窘，任谁都要感慨命途多舛、人生艰难，但梁先生却能够在这样的生活中发现美好的一面，寂寞也在先生笔头成了一种享受。这种充满情趣的人生态度，着实是令人佩服。

赵朴初老人有首诗："七碗爱至味，一壶得真趣。空持千百偈，不如吃茶去"。七碗生风，一杯忘世，这是一种超然淡泊的人生态度，但其中却又隐含着极大的生活情趣。若一个人能守住一份简朴，不会因为生活的困窘而心生不满、怨天尤人，那么他的目光自然就能被这简朴生活中的美好事物所吸引，进而在至简至朴的生活中过出精致的趣味。

有兴趣爱好，才有生活

枯燥、乏味的生活永远不能为你带来幸福与快乐。如果你不能偶尔为它增添几分光彩，投下几颗顽石，那么生活最终只能成为一湖死水。所以，如果不想让自己随着生活而暗淡无光，那么就要给生活加上一些调味料。

调味料是什么？就是我们的兴趣爱好。每个人都有追求幸福生活的权利，大多数情况下，那些多姿多彩的生活来源正是取决于我们所给予生活的多少。如果我们想要过的丰富多彩，那么就请停止那些重复无聊的事情，积极拓展自己的兴趣爱好吧。

梁实秋先生喜欢吃，这很多人都知道，梁先生曾说吃是一门大学问，而他对于吃的兴趣，不仅仅停留在满足口腹之欲上面，而是上升到了生活情趣的高度。

梁先生认为，口腹是人之大欲，在为《雅舍谈吃》作的序言里，梁先生这样写道：

人吃，是为了活着；人活着，不是为了吃。所以孟子说："饮食之人，则人贱之矣，为其养小以失大也。"专恣口腹之欲，因小而失大，所以被人轻视。但是贤者识其大，不贤者识其小，这个“小”不是绝对不可以谈的，只是不要仅仅成为“饮食之人”就好。

《朱子语录》：“问：‘饮食之间，孰为天理，孰为人欲？’曰：‘饮食者，天理也；要求美味，人欲也。学者须是革尽人欲，复尽天理，方始是学。’”我的想法异于是。我以为要求美味固是人欲，然而何曾有背于天理？如果天理不包括美味的要求在内，上天生人，在舌头上为什么要生那么多的味蕾？偶因怀乡，谈美味以寄兴；聊为快意，过屠门而大嚼。

有人曾经说过：“真正懂得乐观去生活的人，是因为他的生活富有情致。”所以，追求个人生活的情趣，不仅可以得到精神上的慰藉，还可以得到情感的升华。要想过上幸福而且充满活力的生活，就应该去做一些取悦自己的事情，因为只有拥有兴趣爱好、满足兴趣爱好的人才能获得更多的人生情趣。

有兴趣爱好的人永远不会感到枯燥乏味。当我们处于单调的生活中，重复着日复一日的事情，很容易让自己陷入精神疲劳当中，其精力会完全集中在这种重复性生活所带来的痛苦中，进而觉得生活索然无味。此时，兴趣爱好就如同是一个精力的转移，将更多的精力转移到兴趣爱好当中来，尽管生活依然如往日般重复，但却因为有了兴趣爱好而觉得多了别样的情趣。

我们都知道金庸这个华人文化圈里的武侠大家，却很少有人知道，金老爷子的武侠之路是从兴趣爱好开始的。金庸原名查良镛，浙江海宁大族查姓后人，少年曾立志报国，最大的梦想是当一名外交家，希望能够纵横捭阖于世界各国。

为了实现做外交家的梦想，金庸曾几次北上北京，但均无功而返，寄生于香港之际，本就出身于记者的他联同几名同事共同创办了明报。从北上求梦到创办明报，金庸经历了很长一段时间枯燥无味的生活，在百无聊赖的境况下，这个迷茫的年轻人终于找到了一个爱好，那就是享受变幻莫测的武侠世界。

在武侠的刀光剑影、快意恩仇中，金庸得以抒发自己的豪情壮志，一解胸中的愤懑。随着爱好越来越强烈，金庸干脆全身心投入到武侠创作中，从第一部《书剑恩仇录》开始，金庸共写就了 14 部武侠长篇大作，开启了香港武侠的黄金时代，同时也奠定了自己泰山北斗的地位。

金庸以武侠成名，其实更像是一个幸运的意外，但即便没有这个意外，武侠也足以让金庸在枯燥、愤懑的生活中寻找到一丝乐趣，让他重拾生活的信心，对未来充满期待。

就像金庸一样，每个人在年轻的时候，可能都会遇到壮志不酬的时候，从而让自己陷入枯燥、乏味的生活。在这种乏味中，一味强迫自己振作、坚强是没有多大作用的，不如给自己寻找一个兴趣爱好，转移一下精力过于集中的痛苦，这样就很容易让自己回到正常的人生轨道上来。

有些人认为，享乐是放纵自己，是对精力的浪费。但说到底，人生的终极目的是过得幸福，生活中如果没有丝毫情趣，只有打鸡血一样的努力，即便痛苦不堪了还要强迫自己坚持，那人岂不成了锻造炉里的钢铁？

有血有肉的人应该追求更有情趣的生活，为自己寻找一个无伤大雅的爱好，即便偶尔玩物丧志一下，但对于精神来说，却是一个充电的过程。

太史公司马迁说：“天下熙熙皆为利来，天下攘攘皆为利往。”随波逐流在这纷繁芜杂的社会洪流中，大多数人难以脱身，无非是为了名利二字。当你看看窗外，路人风尘仆仆，每个人都有属于自己的故事，或喜或悲，每个人都有自己的追求，行色匆匆，但大家可能都忘了给自己的身心放个假，歇一歇。

一生有赚不完的钱，世间有走不完的路，累了，倦了就停下来，歇一歇，给自己一点时间，放松一下疲倦的心灵，就算是淋点雨，又有什么关系，很快就又阳光明媚。被风雨冲刷后的天空会更加晴朗，被风雨洗礼过的心灵会更加纯净。

不要成为索然无味的人

《光明日报》前总编辑温梓川先生在回忆起民国时期的大学生涯时，曾经说过这样的话：“在这一群教授当中，给我留下鲜明印象的，便是梁实秋先生。因为我有时看到他逸兴湍飞，话也说得最多；有时却看到他默默地坐在那里吐烟圈，静静地睇视他们争论，半晌不说一句话。”

温梓川先生在数十年后，还能够记住梁实秋先生的言谈动作，由此可见，梁先生确实是一个能够给人留下深刻印象的人。梁先生是怎么做到这一点的呢？20 世纪 20 年代末，梁实秋任教于暨南大学，其学生回忆说，上梁先生的课，真有使人如坐春风、满身舒畅之感。而让人舒畅的，便是梁先生广博的见识和不凡的趣味。

其实，见识和趣味本就是想通，见识广博的人，一般都比较有趣味，而不凡的趣味必然要有广博的见识做支撑，不然想谈、健谈、爱谈，却没得可谈，那就成不了趣味了。

梁实秋先生见识广博、爱好广泛，也正因为如此，他才能和一众学者谈笑风生，才能让学生有如坐春风之感。生活中，没有人不喜欢与梁实秋先生这样的人交往，这在很大程度上是由于这样的人能谈、健谈、会谈，和他们相处有得可谈。

在社交场合，我们总能遇到像梁实秋先生这样的人，五行八作，身份高低，无论是什么样的人和他们在一起都能聊的热火朝天。对于这些人，我们总是身不能至而心向往之。

然而我们要知道，这些人的特殊才能并非天生的，令人感到悦耳的话语可能不需要学，但想要和不同的人都能说到一起，就不是什么人都能够做到的了，而他们之所以能够做到这一点，关键就在于他们的知识储备。

一个人的知识储备越多和他人能够找到的共同语言就越多，因此，我们若想成为一个在朋友圈受欢迎的人，就应该努力拓宽自己的知识面，各方面的知识都多多少少涉猎一点，培养面对什么样的人都能找到共同语言的能力，这无论是对于我们生活的乐趣还是对于我们的人际交往都是大有帮助的。

两个大学毕业生同时来面试一个职位，其中一个相貌堂堂，并且毕业于北京的名牌大学；另一个则长相一般，是西南某高校的毕业生。面对这两个应聘者，面试官第一选择就已经把票投给了前者，他叫前者跟自己进入考场，心想如果合适的话，后者干脆就不用面试了。然而，令他没有想到的是，虽然前者在面试时作出一副胸有成竹的样子，但对于他提出的问题的回答，却并不能让他满意。面试官心想，应聘者可能是处于紧张，于是为了缓和气氛，主动和他攀谈起来。

“你学的是投资学，那肯定对国际金融很感兴趣吧，咱们就来聊聊美国次贷危机的事儿吧！”面试官满以为这样一来对方就会放松了，然而令他失望的是，对于只和投资“一墙之隔”的金融，对方却表现的呆若木鸡，很多常识性的问题都回答不出来，一些专业问题更是一问三不知，甚至对于国际地理和国家与国家之间的关系也表现得非常白痴，这让面试官非常无奈，没办法，他只好好言慰藉送走了对方，本来挺好的心情，顿时蒙上了一层阴影。

面试官无精打采地把后者叫进了考场，心里想着赶快应付了事，明天再招一批，可没想到的是，这一应付却足足应付了三个小时。两个人山南海北聊的十分痛快，直到下班的时候，面试官还意犹未尽，不想放对方走，一边收拾东西，一边说："我现在就可以告诉你，你被录用了，但你还不能走，因为下班我要请你吃饭，你必须把咱们刚才聊的那个话题给我说完了……"

从上面的反差中我们可以看出，知识的储备对于人与人之间的交流是多么的重要。生活中，一个有趣的人必然是一个善于与他人交流的人，良好的交流可以互通有无，可以加深彼此感情，可以得到需要的信息，可以让人生变得更有情趣。

与一个索然无趣、对话题毫无反应的人交流，相信没有人会觉得是件幸福的事儿。同样，如果我们没有足够的知识储备，不能跟上对方的步伐，那么对方也是不会愿意和我们进行交流的。由此可见，充足的知识储备是一个人拥有良好人际关系和情趣人生不可缺少的保障。

多学习一点东西，多一点兴趣爱好，多一点知识储备，会让你的家人、朋友、同事、客户有种如沐春风的感觉，而一个能够让别人这样看待的人，必将有一个丰富多彩的人生。

第十一堂

汤用彤讲做人的涵养

汤用彤(1893—1964)，字锡予，生于甘肃渭源县，祖籍湖北黄梅县，近代著名哲学家、佛学家、教育家、国学大师。出生于书生世家，幼年就读于父亲的私塾，后考入北京顺天府学堂，与梁漱溟为同窗。1912 年考入清华学校，1917 年于毕业后留学美国，进入汉姆林大学和哈佛大学深造，获哲学硕士学位，与陈寅恪、吴宓并称“哈佛三杰”。回国后，历任国立东南大学、南开大学、北京大学、西南联大教授。1949 年后，出任北京大学副校长、中科院哲学社会科学部学部委员。汤用彤是中国现代学术史上少数几位会通中西、接通华梵、熔铸古今的大师之一。

谈文化涵养

季羡林先生曾说："我对于汤用彤先生的回忆就是最闪光之点。"对于汤用彤先生，季羡林那一代北大人一直是"高山仰止，景行行止"的。汤用彤先生在民国时期任教于北大，1949 年之后又出任北大校长，从学术和道德上为北大培养了一批批人才。

汤用彤先生在北大任教时，以东方哲学见长，在授讲哲学知识时，又注意结合现实、针砭时弊，因此汤先生的课总是让人趋之若鹜。

西哲恒言，谓希腊文治之季世，得神经衰弱症。盖内则学术崩颓，偷慢怀疑之说兴；外则魔教四侵，妖异诡秘之神夥。亦以荣卫不良，病菌自盛也。今日中国固有之精神湮灭，饥不择食，寒不择衣，聚议纷纷，莫衷一是，所谓文化之研究亦衰象之一。诽薄国学者，不但为学术之破坏，且对于古人加以轻慢薄骂。若以仇死人为进道之因，谈学术必须尚意气也者，其输入欧化亦卑之无甚高论，于哲理则膜拜杜威、尼采之流，于戏剧则拥戴易卜生、萧伯纳诸家，以山额与达尔文同称，以柏拉图与马克斯并论。

罗素抵沪，欢迎者拟之孔子。杜威莅晋，推尊者比之为慈氏。今姑不言孔子、慈氏与二子学说轩轾，顾杜威、罗素在西方文化与孔子、慈氏在中印所占地位，高下悬殊，自不可掩此种言论。不但拟于不伦，而且丧失国体。主张保守旧化者，亦常仰承外人鼻息，谓倭铿得自强不息之精神。杜威主天人合一之说，柏格森得唯识精义，泰戈儿（今译泰戈尔）为印化复兴渊泉。间闻三数西人称美亚洲文化，或且集团体研究，不问其持论是否深得东方精神，研究者之意旨何在？遂欣然相告，谓欧美文化迅即败坏，亚洲文化将起而代之。其实西人科学事实上之搜求，不必为崇尚之征。即于彼野蛮人如黑种红种亦考究綦详，且其对于外化即甚推崇，亦未必竟至移风易俗。

数十年前，欧洲学者极力表彰印度学术之优美，然西方文化迄未受佛土丝毫影响。前此狂热现亦稍杀。泰戈儿去岁重游新大陆，即不如初次之举国欢迎。盖凡此论著咸以成见为先，不悉其终始。维新者，以西人为祖师，守旧者藉外族为护符，不知文化之研究乃真理之讨论，新旧淆然，意气相逼，对于欧美则同作木偶之崇拜，视政客之媚外恐有过之无不及也。

时学之弊，曰浅，曰隘。浅隘则是非颠倒，真理埋没。浅则论不探源，隘则敷陈多误。中西文化不同之点浅而易见者，自为科学之有无，近人解释其故，略有二说：（一）谓中国不重实验，轻视应用，故无科学。然按之事实，适得其反。盖科学之起非应实用之要求。物理一科，不因造汽舟、汽车而成；化学一科，不为制毒弹、毒气而设。欧西科学远出希腊，其动机实在理论上之兴趣。亚里士多德集一时科学之大成，顾其立言之旨，悉为哲理之讨论。即今日科学曷尝不主理性，如相对论虽出于理想，而可使全科学界震动。数学者，各科学之基础也，而其组织全出空理。梁任公今日学者巨子，然其言曰："从前西洋文明，总不免将理想实际分为两橛（中略）科学一个反动，唯物学派遂席卷天下，把高的理想又丢掉了。"此种论调，或以科学全出实用，或以科学理想低下，实混工程机械与理想科学为一，俱未

探源立说。然国中学者本兹误解，痛邦人之夙尚空谈，不求实际，提倡实验精神，以为救国良药。不知华人立身讲学，原专主人生，趋重实际，于政法商业至为擅长，于数理、名学极为欠缺。希腊哲学发达而科学亦兴，我国几无哲学（指知识论、本质论言，人生哲学本诸实用兴趣，故中国有之），故亦无科学。因果昭然，无俟多说。处中国而倡实验以求精神及高尚理想之发展，所谓以血洗血，其污益甚。

第（二）种，科学发源解说，见之梁漱溟先生书中。与前说可相表里。意谓中国非理论之精神太发达："非理论之精神是玄学的精神，而理论者便是科学之所成就。"夫非理论之途有二：一为趋重神秘。何谓神秘？"大约一个观念或一个经验不容理智施其作用。"印度学术是矣。（印度虽有纯正哲学，然与神秘宗教混合，故科学亦不发达。）一为限于人生。言事之实而不究事之学，重人事而不考物律。注意道德心性之学，而轻置自然界之真质。此亦与科学精神相反，中国是矣。中国人确信阴阳，"山有山神，河有河神，宇宙间一件件的事物，天地日月等，都享有主宰的神祇"，梁先生据此为中国玄学发达之确证。不知此类阴阳鬼神之说，其要素有二：一则乞助神权为迷信之作用；一则推测因果为理解之搜探。人类宗教性发展，多崇拜天然物，有巫师，有卜筮。如理性发达，讨论既多，迷信遂弱，于是占星流为天文，丹铅进为化学。历史俱在，均可考也。至谓阴阳鬼神之说深于玄学之精神，反对理论，乃为形而上学，则立义太狭，必为多数玄学者之所否认也。

时学浅隘，故求同则牵强附会之事多，明异则入主出奴之风盛。世界宗教哲学，各有真理，各有特质，不能强为撮合。叔本华一浪漫派之哲学家也，而时人佥以为受印度文化之影响。其实氏之人才非如佛之罗汉，氏言意志不同佛说私欲，其谈幻境则失吠檀多真义，苦行则非佛陀之真谛。印度人厌世，源于无常之恐惧。叔本华悲观，乃意志之无厌。庄周言变迁，初非生物进化论，实言人生之无定，人智之狭小，正处正味；讥物论之不齐，其着眼处却不在诠释生物生长之程序。夫取中外学说，互为比附，原为世界学者之通病，然学说各有特点，注意多异，每有同一学理，因立说轻重主旨不侔，而其意义即迥殊，不可强同之也。今日大江南北有所谓“同善社”者出，传闻倡“三教合一”之说。不明儒、释为二种文化之产物。其用心，其方法，其目的，均各悬殊，安可勉强混同？此类妄说，附以迷信，诚乱世之妖象也。至若评论文化之优劣，新学家以国学事事可攻，须扫除一切，抹杀一切；旧学家则以为欧美文运将终，科学破产，实为可怜。皆本诸成见，非能精考事实，平情立言也。

时学浅隘，其故在对于学问犹未深造，即中外文化之材料实未广搜精求。旧学毁弃，固无论矣。即现在时髦之西方文化，均仅取一偏，失其大体。不知欧美实状者，读今日报章，必以为莎士比亚已成绝响，而易卜生为雅俗所共赏；必以为柏拉图已成陈言，而柏格森则代表西化之转机，蒸蒸日上。至若印度文化，以佛法有“条理可寻”，则据以立说。婆罗门六宗则因价值不高，摒之不论。夫文化为全种全国人民精神上之所结合，研究者应统计全局，不宜偏置。在言者固以一己之主张而有去取，在听者依一面之词而不免盲从，此所以今日之受学者多流于固陋也。

以德报怨的力量

民国时期，多少有志之士因为军阀混战、民不聊生的社会环境而怀才不遇，有志难抒，但他们在面对不公时没有选择抱怨生不逢时，也没有意志消沉，而是担负起拯救国家、振兴中华的历史使命，让中华民族重新屹立于世界民族之林。反观我们当代人生活在和平美好的时代，一些人对待小事总是斤斤计较，遇到不公往往怒发冲冠，以德报怨、宽以待人的处事观念更是无法谈及，而那些经历过战乱分割、政治动荡的有志之士却用以德报怨的品行与修养为我们树立了典范，民国大师汤用彤就是其中具有代表性的一位。

汤用彤先生在任北大哲学系主任和文学院长期间，主要管两件事：一是聘教授，二是学生选课。这两件事情他都做得很好，季羡林先生曾多次向人说："过去用彤先生掌文学院，聘教授，他提出来就决定了，无人有异议。"正是因为先生为人正直，秉公行事，没有私心所以不会有人不满。在学生选课时，先生要看每个学生的选课单，指导学生选课，然后签字。他的学生郑昕先生于 1956 年接任北大哲学系主任时说："汤先生任系主任时行无为而治，我希望能做到有为而不乱。"在北大同仁眼里，汤先生的工作从来都是无可指责的。先生秉承严于律己、以德服人的做事态度，所以深受北大人的尊重，这正是先生的人格魅力所在。

如今的很多人习惯在放任自己的同时对别人加以指责，久而久之失去了做人的威信，长此以往成为孤家寡人。以言责人甚易，以义持己实难。我们经常把宽容视为懦弱，把苛责当作严厉，殊不知，行为就像一面镜子，每个人都可以在里面看到自己的形象，当我们学会用以德报怨的力量去影响他人的时候，镜子里的我们也会增添些许光芒。

汤一介在《回忆我的父亲汤用彤》中曾提到："1949 年后，我家在北京小石作的房子被征用，政府付给了八千元，我母亲颇不高兴，但我父亲却说：'北大给我们房子住就行了，要那么多房子有什么用。'1951 年下半年他改任副校长，让他分管基建，这当然是他完全不懂的，而他也无怨言，常常拄着拐杖去工地转转。"投我以怨恨，报之以德行，汤先生对待金钱利益不斤斤计较，面对不公淡然处之，不仅不去抱怨，反而用自己的实际行动把工作做好。

古人云：“人无弘量，但有小谨，不能大立也。”较之汤先生所处的年代、置身的社会环境，我们有太多的机会与自由实现自己的抱负与理想。我们一味拘泥于抱怨与计较之中，将会陷于无穷无尽的烦恼中无法自拔，试想自己的生活尚且活得不快乐，何谈激情与梦想？

大多数人面对问题时往往会依照自己的价值观与思维模式来评判解决，因此在遇到不公平的对待或不明所以的误解时，往往会表现出得理不饶人或怨天尤人的一面，长此以往不但事情得不到解决，反而徒增了烦恼，丢掉了内涵。如果我们能像汤先生一样以责人之心责己，以恕己之心恕人，用实际行动去宽容、感化他人，那么我们身处的环境与生活的状态会因以德报怨的力量而改变。

所有的经历都是岁月翻过的书籍，纵观汤用彤先生的一生没有什么可以让人拿来做“文章”的，而先生的仁厚宽容、不计得失的品行涵养深深地影响着后人。生活在当代的我们，要学会不因曾经背弃的誓言而怨恨，也不因无声的指责而悲伤。

选择了冷静就意味着放弃了逃避，选择了原谅就意味着远离了脆弱。人这一生聚聚散散，来来往往，学会宽容不意味着懦弱，懂得原谅也有自我的原则，用以德报怨的力量去宽容他人，相当于给了自己一份自由。

以德报怨是一种修养，一种境界。佛经有言：“一念境转。”同是面对他人的过错，耿耿于怀、睚眦必报带来的是心灵的负累，真正的仁者会选择一份包容、一份泰然。君子有容人之雅量，不会为小事而一争高下。面对不公平的待遇我们要常思己过，发现不足，找出原因，这样才能更好地提升自己。面对别人的责难，平复自己的内心，多一分宽容，少一点狭隘，学会站在别人的角度思考问题，就能更好地理解、原谅他人，世界也会因以德报怨的力量变得清澈明净。

经得起激，抑得住怒

民国时期，随着大量留学生的回国，西学东渐进入一个新的时期，西方文明的冲击带来了全新的文化元素，现代大潮的拍打促进了社会的转型。在价值体系的重建与现代学术开创的过程中成长起一批学术大师，他们以高尚的职业操守和学术良知为中国现代学术体系的创建做出了不可磨灭的贡献。他们的学术成就至今难以被后人超越，而他们做人的涵养也是绝大多数人无法比拟的。汤用彤先生就是一位品行涵养极高的国学大师，他在求识扩学、处理问题时保持的平和心态尤其值得我们学习。

汤用彤先生治学极其严格，不趋时不守旧，时创新意，认定的学术见解就坚持到底。每当友辈间相聚在论政、论学方面展开争论时，汤先生总是在一边沉默不语。汤先生与学者们相处得很好，无门户之见。钱穆与傅斯年关系不好，但先生是两人的好友。熊十力与吕澂的佛学观点不同，却均为先生的相知友好。先生为“学衡”成员，与胡适先生的主张是不同的，但两个人私下相处甚好。先生的知交吴宓曾说：“锡予（汤用彤，字锡予)喜愠不轻触发，德量汪汪，风概类黄叔度。而于事之本理，原之秘奥，独得深窥。交久益醇，令人心醉，故最能投机。”吴宓先生前夫人陈心一回忆：“当时朋友们给锡予起了一个绰号叫‘汤菩萨’。”《大学》有云“定而后能静，静而后能安，安而后能虑，虑而后能得”，大概说的就是汤先生这样的人。先生一生为人和气，面对外界的事物能够持有平和的心态，禁得起愤怒，忍得住怒火，这不正是我们当代人所追求的吗？

汤老之子汤一介先生在《燕南园往事》中写道：“父亲对我们的学习很少过问，也很少对我们有什么要求，但是我们可以通过他的为人处世受到教育。例如，他对吃、穿等从来就没有什么特殊要求；他从来没有当着孩子们的面说过别人的坏话，也没有在孩子们面前发过脾气；他对我们家的帮工非常有礼貌，而且可以和车夫坐在门槛上聊天。”

通过汤一介先生对其父亲日常的描述中，我们可以体会到先生的温和与沉稳形象让后人倍感温暖。纵观先生的一生，无论在生活还是在治学中，始终保持宁静平和的心态去分析处理问题，本着“文化之研究乃真理之探求”的治学精神，在印度哲学、中国佛教和魏晋玄学等领域做出了重要贡献。反观现在的一些人，面对小小的争执和别人的批评，第一反应往往是怒发冲冠、火冒三丈，从而在处理问题时失去理智做出令自己后悔的事情。

性躁无功，平和缴福，只有心灵达到宁静、安稳的境界后，才能够保持平和的态度，用理智冷静的心态去处理问题，从而在深思熟虑后洞悉事物的发展并从中汲取智慧。

我们虽然未曾体会过民国时期“故国不堪回首”的无助感，也没有经历过战争带来的颠沛流离，但随着社会的发展，情感纠葛，竞争空前，这些常常压得我们喘不过气来。一些事情，即使当时选择了隐忍，事后却越想越生气，许多应该用心去处理的事情，经常在漫天的心烦意乱中被忽略。当我们对别人的言论和行为感到愤怒时，如果能够控制自己不跟着对方的情绪走，必要的时候选择暂时离开，冷静后往往会对问题有新的看法。

我们在面对问题时保持平和的心态，理智冷静地分析事物的因果关系和变化动态，不逞言语之快，不争一时之强，就会发现身边的一切事情突然变得简单起来。人之一生，为生计而忙碌，为感情而纠葛，为世俗而烦心……这些人间百态造就了人与人之间品行上的不同。每一个人在生活中都会遇到争执与不快，如果事事发火，睚眦必报，不但解决不了问题，还失去了做人的涵养。

因为理智，所以动心忍性。因为清醒，所以安稳豁达。因为辨识，所以知其根本。只有经得起别人的挑衅，忍得住内心的激荡，才能在安静平和中获得真正的内心自由。

小不忍则乱大谋

“小不忍则乱大谋”出自《论语·卫灵公》，“忍”字是这句话的核心。笔者认为那个时代的有志之士正是忍受住了贫困，经受住了磨难，在无奈和屈辱中忍辱负重、卧薪尝胆，才有了我们今天得以学习的精神食粮。

汤用彤先生经历了战争的颠沛流离、政治的起伏动荡，但他却用“忍”字度过了一段又一段艰难困苦的岁月。反观生活在和平年代的我们在面对一点小事尚且做不到“忍小忿”，雍容大度、忍辱负重就更无从谈起了，而先生虚怀若谷、坚韧不拔的涵养与品行正是我们需要学习的。

抗战期间，西南联大群英荟萃，人才济济，但教授们入不敷出，生活非常艰苦。此时汤用彤先生岁数并不大，头发却已近全白。在贫困中含辛茹苦的他，忍受着失长子一雄、爱女一平的巨大创伤，以民族文化的继承、弘扬为使命，教学、著述从未间断。他对学生教诲不倦，面无忧容，从不戚戚于贫贱，也不汲汲于富贵，有着超脱玄远的境界。期间，先生同南开师生在一起，为南开大学哲学系的建设做出了巨大的贡献。

中国学术界的“一代宗师”钱穆为汤用彤先生的至交，对先生的评价是：“锡予之奉长慈幼，家庭雍睦，饮食起居，进退作息，固俨然一钝儒之典型。”“一团和气，读其书不易知其人，交其人亦难知其学，斯诚柳下惠之流矣。”

1952年汤先生之子汤一介与乐黛云结婚，举办了一场新式革命婚礼，婚礼没有任何礼仪，既不拜双方父母，也无父母领导讲话，其间大家嬉闹起哄，让新娘发表结婚演说。乐黛云后来回忆大概的意思是说：“我很愿意进入这个和谐的家庭，父母都非常慈祥，但是我并不是进入一个无产阶级家庭，因此还要注意划清同资产阶级的界限。”当时两位老人坐在北屋的长廊上，丝毫不动声色，不但没有生气，还高高兴兴地鼓掌，表示认同。先生虚怀若谷的雍容大度，反映了平和宽厚的心理状态，是现代人学习的榜样。

能忍人之所不能忍，能为人之所不能为，汤先生的“忍”，忍的是生活的艰苦，人生的磨难，他用平和的心态去看待生活中的事情，从不与人发生争执，是真正的蔼然仁者。现在的我们随着生活质量的提高，心态越来越浮躁，经常能够看到同事、邻里、夫妻之间小事冒火，大事生烟，有的甚至大打出手，诉至法庭，结果两败俱伤，事后又感到惋惜和不值。

小不忍则乱大谋，忍，顾全的是大局，着眼的是未来。发生争端时，忍能关闭纠纷之门，忍能平息风波，避免争执。当别人无意伤害到自己时，忍既能消除他人的不安，又能体现自己的涵养。一忍制百辱，一静制百动。

每个人面临的境遇不同，挑战有别，在面对困难时要忍得住，受得了孤独，以坚韧不拔的意志战胜生活中的压力，以忍辱负重的心态接受人生的挑战。在与别人发生争执误会时要忍一句，息一怒，饶一着，退一步。

一个有涵养的人能忍人所不能忍，容人所不能容，处人所不能处。比起民国时的民不聊生，颠沛流离，我们生活中的困难与矛盾是微不足道的，如果能忍住一时之气，抗住生活的挑战，好生活终将到来。

控制自己，才能影响别人

民国时期，大量学生赴西方留学，与当时军阀混战、民不聊生的中国相比，西方国家发达的科技、丰富物质刺痛着当时的有志青年。救亡图存、振兴中华成为他们的信念，争取民族独立、富强成为他们学习的动力。这些有志青年怀揣报效祖国的梦想开始了追求真理的征途。求学期间，一批批有志之士忍受着外国人的轻视，抵御着西方社会环境的诱惑，凭借超强的自控力如饥似渴地学习国外的先进文化和科学知识。当他们陆续完成学业纷纷回国的时候，当时的有志青年已然成为思想进步、学贯中西的学者。回国后，这些人或致力于办学育人，或投身于科学研究……为中国现代学术的创建做出了重大贡献。

随着现代社会的发展、科技的进步，我们面临的诱惑越来越多，灯红酒绿、网络游戏充斥着现代人的生活，“自控力”这个词对于我们而言变得尤为重要。然而，生活中的我们在面临诱惑与挑战时往往不能自持，却在要求别人时使用双重标准。汤用彤先生用以身作则的言行、严于律己的身教为我们诠释了什么是真正的自控力。

1953 年 10 月，由于面粉生产紧张，北京不得不对面粉供应做出新规定，工人每月供应 18 斤，教授每月供应 12 斤。中央担心教授们不接受这种差别待遇，专门在北大召开干部会议，进行安抚。会上，以汤用彤先生为首的教授们不仅没表示反对，反倒纷纷表示理解和支持。不仅如此，先生回到家，每天早餐吃一顿粗粮，并向夫人讲授增产节约的道理。先生一直用自己的方式，表达着对新政权的理解和支持。

人们常说“亲身实践，取信于人”，我们在为人处事的过程中，如果能像汤先生一样做到事必躬亲，以身作则，用自己的行为做出榜样和证明，先控制自我，后影响他人，那么生活中就会少几分争议，添些许平和。

“以身教者从，以言教者讼。”出自南朝宋史学家范晔的《后汉书·第五伦传》，意思是说身教重于言传，教育要从自身的德化与行动做起。据汤先生之子汤一介回忆，父亲一生给他更多的是“身教”。1948年至1949年，汤一介曾听过父亲两门课：《欧洲大陆理性主义》和《英国经验主义》。从20世纪20年代起，先生教授这两门课已经不知道多少次了，但他每次上课前都要认真准备，重写讲课提纲，把一些有关的英文著作拿出来再看看。当时他还担任北大的行政领导工作，白天要坐办公室，只能晚上备课到深夜。他讲课，关于那些哲学家（如洛克、笛卡尔等）全都是根据原书所讲的内容，几乎每句话都可以在原著中找到依据。他要求学生认真读哲学家的原著，常常把原著中的疑难处一句一句解释给学生听。这种扎实的学风，对学生有很大影响。

“其身正，不令而行；其身不正，虽令不从。”人类在自我发展和文明的探索中形成了自控力。自控力就好比人的欲望和行为的闸门，它的开启和关闭标志着一个人的成熟程度和品行涵养。当欲望和理智构成了灵魂深处的矛盾冲突时，就需要自控力来平息。我们常说，最好的教育是以身作则，那么具备自控力的品质就是教育的前提。笔者认为教育的概念适合生活、社会中的所有关系，长辈与晚辈相处时要用自身的品德言行率先垂范，同辈与同辈之间发生矛盾时要先控制住自己的愤怒才能安抚别人的情绪。“行之以躬，不言而信”，我们在处理人际关系时要想让别人听从你，就必须先控制好自己，而要想控制自己就必须在生活和工作中培养和磨炼自控力。

自控力和意志、思想一样，不是与生俱来的，汤用彤先生那一辈人的自控力源于他们对祖国的热爱，对民族振兴的渴望。我们在震撼钦佩于他们的优秀品质的同时，是否应该在面对社会中的不良诱惑时提高自我的自控力？让理想成为支配自己前进的动力，让内涵修养成为维护人际关系的精神食粮，只有这样我们才能体会到人生的真正意义，才能在控制自己的同时进而影响别人。

不为烦恼所惑，不为环境所扰

民国短短三十余年，战火纷飞，离乱频发，但那个时代之所以让人刻骨铭心是因为那个时代有志之士的独立精神、自由意志。他们不论是不被众人认可或是思想叛逆，始终与自己的灵魂为伴，真正做到了“内不为烦恼所惑，外不为环境所扰”。而如今的社会没有战乱离情，追求和平成了时代的符号，但真正能做到内心安宁、坚守情操的人少之又少。

庄子《逍遥游》中提到：“举世而誉之而不加劝，举世而非之而不加沮，定乎内外之分，变乎荣辱之境。”意思是，告诫世人自身的荣辱不取决于外界，真正的宁静源于内心。民国时期受西方文化的影响，新文化运动的浪潮造就了一个古老又摩登的时代。知识分子的悲与喜、离与合、生与死，展现出各色人物的坚守与变革、主动与被动。

“事不避难，义不逃责，素位而行，随适而安”，是汤用彤先生一生秉承的家风。国学大师季羡林在《回忆汤用彤先生》一文中有这样一段描写先生的话：“他面容端严慈祥，不苟言笑，却是即之也温，观之也诚，真蔼然仁者也。先生虽留美多年，学贯中西，可是身着灰布长衫，脚踏圆口布鞋，望之似老农老圃，没有半点洋气，没有丝毫教授架子和大师威风。”我们通常会说一个人的神情传递着他的内心，汤先生儒雅朴素的作风不受外界给予其身份影响，不受西方文化的引领，坚守的是内心真正的宁静和文化本身带给他的涵养。作为横跨三界、学贯中西印的学者，先生秉承着“文化之探求乃真理之讨论”的理念，使“古圣贤伟大之人格思想，终得光辉于世”。

汤用彤先生之子汤一介曾提到一件事：“1942 年，当时的教育部授予我父亲那本《汉魏两晋南北朝佛教史》最高奖，他得到这个消息后，很不高兴，对朋友们说：‘多少年来一向是我给学生打分数，我要谁给我的书评奖。’”汤先生的表现绝非高傲自大，而是体现出他对自身学术文化的珍视，不因外界的评判去看待自己的作品，对待名利更是淡然处之。1951 年的下半年，先生任北大副校长，主管的是他完全不懂的基建，对于一个一心埋头做学问并在学术领域颇有建树的学者来说，可以说是用非所学，但先生仍然勤勤恳恳、任劳任怨，持杖步行在北大校园的建设工地上。

身居庙堂不以物喜，远处江湖不以己悲。汤先生的一生经历了民国时期的战乱、“文革”时期的动荡，在这期间他始终保持知识分子的作风，本着学者良知做纯粹学者，在符合人类普通价值准则的意义上推进并提高了中国传统文化的研究水准。

当下的我们不曾经历过民国时期的战乱分割，也没有体会过政治文化的颠簸动荡，但随着社会的快速发展却被所谓的诱惑与压力时时刻刻敲打着神经。欲望与贪婪使多少人沉迷于所谓的享受而无法自拔，多少人又因为种种压力而颓废堕落，身处闹市丧失了内心的安宁，面对困难放弃了当初的理想。我们习惯了将自己困于烦恼的牢笼中自愿地被外面的环境打扰，却又经常性地标榜自己的“改变”归功于所处的年代，然而如果仔细想想，哪个年代没有欲望，哪个时代没有烦恼。汤用彤先生用一生的学问品行给我们树立了坚守自我的典范，作为普通人的我们，要在先生身上学习的不正是保持内心的安宁、敢于脚踏实地的勇气吗？

掌声和鲜花能满足一时的虚荣，激情与冲动能丰沛偶然的情感，但盛筵过后，人去席空，我们却又时常背负着空虚、落寞带给自己的深痛。人性的欲望与生活的压力非但没有伴随着狂欢而逝去，反而在灵魂深处愈演愈烈，将内心的安宁与希望燃烧殆尽，久而久之我们沉迷于追求权力与物质的漩涡之中无法自拔，困于外界世俗的谈论品评之难以挣脱，早已忘记了“内不为烦恼所惑，外不为环境所扰”的智慧与安宁。

世间本无事，庸人自扰之。面对现实中的权力与欲望，我们应保持一颗平常心，面对生活中的压力与困难也要克服。世界上的任何事情，无论我们认为美好还是丑陋，喜欢还是不喜欢，都有其存在消亡的规律，正如何兆武先生忆及在联大求学期间曾请教先生人生的意义是否在于“追求”光荣的问题。汤先生说，人生追求的不是光荣，而是心安理得。

“心无物欲，即是秋空霁海；坐有琴书，便成石室丹丘”。让我们重塑心灵的宁静，怀抱坚定谦卑的内心走向社会，用理想与信念塑造自我，终有一天我们会相信，就算低到尘埃，也能开出花来。

理性妥协是一种涵养

理性妥协是做人的一种涵养，这种涵养就像温润的河流，虽波澜不惊却能海纳百川。

老子曰：“上善若水。”江河制地形而蜿蜒前行，水遇山绕行，见坝积蓄，汇聚成浪，滴水穿石，低处成湖，高处成瀑。自古以来不乏顽宁固执之辈，遇事不懂变通，把妥协当作软弱，把顽固看作执着，事事计较，终日为烦恼所困。长此以往，愤世嫉俗，抱怨成性，限制了自身的成长，丧失了生活的自由。

殊不知，理性妥协是一种为人处事的超高智慧，是宽以待人的涵养。汤用彤先生为人沉稳平和，喜愠不轻触发，被同辈友人称作“汤菩萨”。有段时间，汤先生与钱穆、熊十力、蒙文通经常聚在一起谈论学术。熊十力先生与蒙文通先生经常就佛学问题互相驳难，不可开交，而先生“应最为专家，顾独默不语”。在讨论学术的过程中，每个人都有不同的见解，没有赞扬批评之分，但在此过程中可以体会到先生平和温润的心态，这种处世态度不正是身处浮躁社会中的我们需要学习的吗？生活中的我们在面对争执冲突时，选择理性妥协并不意味着软弱可欺，相反它是在相互沟通、彼此理解的基础上达成的一种平衡与共识。

汤一介在《父亲汤用彤的矛盾》中有这样一段描述：“1952 年，全国进行高等院校的院系调整，北京大学由沙滩搬到了西郊原燕京大学的校址。父亲身为副校长当然得随校搬迁。但据我了解，他和我母亲一样都不想搬迁，他们喜欢独门独户的小院，宁静、安详。可父亲一向‘明哲保身，逆来顺受’，学校要他搬到新址北大燕南园，他就只身先搬去了，但我们全家仍然留在了靠近北海公园的小石作胡同。父亲想着也许等迁校完成，我们可以再回到小石作。是年，暑假后，北大派两辆卡车来小石作帮忙搬家，我父亲没有同来。派来的人要我母亲爬上后车厢，母亲大哭大闹说：‘我这么大的年纪要我爬上去，你们还有心肝吗？’来人和司机无法，只得让她坐在卡车的副座。这件事给我父亲留下了深深的歉意。他知道，不搬到西郊是不可能的，不能违背组织的决定，但对母亲亲手修缮的房子和院子的情感能无动于衷吗？父亲在两者之间选择了服从组织的决定，而心中一直对母亲抱有歉意。”

在这段描述中，我们可以体会到汤先生的矛盾心态，但他还是在情感与组织之间选择了服从组织，先生的这种看似“明哲保身、逆来顺受”的妥协何尝不是一种牺牲？这也正体现了先生做人的涵养。其实有时候妥协并不意味着软弱，相反，它是一种坚守，在妥协中坚守内心的某种存在，这种存在或是奉献，或是修养……

工欲善其事必先利其器，在价值多元化的今天，理性妥协能改变年少时的轻狂，能让我们在追求梦想的道路上少走弯路。现实生活中的我们在面临困难时往往不能根据自己的实力做出理性的判断，虽然我们认为迎难而上是一种坚守，但不能认清现实，盲目追求胜利就变成了顽固，失去了向往本身所具备的价值。

对现实困难的理性妥协是一种厚积薄发的智慧，它能够使我们重新审视自己，有机会沉下心来提高丰富自我，使我们在以后面对同样的困境时厚积薄发。

“水善利万物而不争，此乃谦下之德也”，与人发生冲突矛盾时，保持理性冷静的心态，适度的退让、理性的妥协能让我们认清事态发展的规律，从而更好地解决问题。当我们面临困境时，既不能盲目放弃，也不能一味地坚守，要审时度势，根据自身的实力做出理性的判断，调整方向做好更充分的准备，这样才能在机遇来临时战胜困难，走向成功的彼岸。

遇喜不亢，恭谨谦卑

民国政局虽然混乱，但人文精神却在此时达到了鼎盛。这一时期诞生了一大批极具影响力的学术大师，他们有着高尚的风骨，学贯中西，著作等身，毕生致力于办学育人。大师们严谨的治学精神与当下日益浮躁的学术之风形成了鲜明的对比，他们不追求职称，不角逐奖项，以沉静的心态潜心研究学术文化。治学之外，独立的人格也是这些大师追求的目标，在这一点上，汤用彤先生可谓表率。

魏征在《荐太宗十思疏》中说：“念高危，则思谦冲而自牧；惧满盈，则思江海下百川。”意思是说，想到自己身居高位，就要谦虚谨慎，自我约束；担心骄傲自满会招来害处，就应有江海容纳百川的度量。

汤用彤先生用 15 年时间写成了《汉魏两晋南北朝佛教史》，但在出版时仍然觉得“不惬私意”，“现于魏晋学问，又有所知，更觉前作之不足”。最后还是迫于“世事悠久，今日不出版，恐永无出版之日”，这才使得著作于 1938 年公开面世。虽然学有大成，但依然保持着一种对学问的谦卑，这便是汤先生的治学之风。这本书真的就像汤先生口中自谦的“不惬私意”吗？

《汉魏两晋南北朝佛教史》问世半个多世纪之后，季羡林先生评价说：“一直到现在，研究中国佛教史的中外学者，哪一个也不能不向这部书学习，向这一部书讨教。此书规模之恢弘，结构之谨严，材料之丰富，考证之精确，问题提出之深刻，剖析解释之周密，实在可为中外学者们的楷模。”

对学问永远保持一种谦恭的态度，而对他人，对事实，汤用彤先生也是如此。汤先生平时总是一团和气，丝毫没有因为自己的学术地位就端起大师的架子，在生活上厉行节俭，常常穿着一件粗布大褂，一双布鞋，提着夫人为他缝制的一个布书包去上课。

汤先生一生秉承“毋戚戚于功名，毋孜孜于逸乐”的家训，用极其务实谨慎的态度与当时的学者一起为北京大学的学科和学风建设做出了卓越的贡献。

儿媳乐黛云在《我心中的汤用彤先生》一文中写道：“汤老先生离开我们已近半个世纪，他的儒家风范，他的宽容温厚始终萦徊于我心中，总使我想起古人所说的‘即之也温’的温润的美玉。记得在医院的一个深夜，我们聊天时，他曾对我说，你知道‘沉潜’二字的意思吗？沉，就是要有厚重的积淀，真正沉到最底层；潜，就是要深藏不

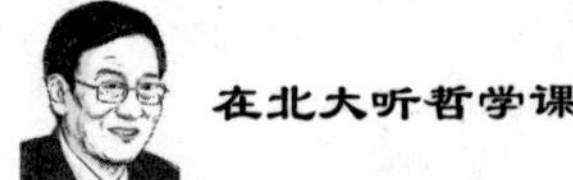

露，安心在不为人知的底层发展”。

汤先生对“沉潜”二字的解释，让儿媳乐黛云感慨万千。如果说我们在汤先生所说的“沉”、“潜”两个字中学到了什么，那不正是遇喜不亢、恭谨谦卑、脚踏实地的智慧吗？

“劳谦虚己，则附之者众；骄慢倨傲，则去之者多”，遇喜不亢与恭谨谦卑能让身边的朋友正真为你获得的成绩高兴，相反如果忘乎所以、居功自傲则会只会招人厌烦，让人不屑。可见，谨慎谦恭既是一种自身的涵养，也是一种为人处世的大智慧。

虚心竹有低头叶，傲骨梅无仰面花。谦恭谨慎、戒骄戒躁是一个人追求梦想的前提和基础，在生活中养成这样的性格能让我们在成绩面前保持理智冷静的头脑，看清自己真正的实力，从而找到不足，如此才能在以后的工作中继续努力，实现当初的梦想。

保持谦恭谨慎的态度，更容易获得他人的建议，自己也更容易接受他人的意见。相反，骄傲自大、主观武断则使你听不到外界的声音，得不到他人的建议，久而久之你的世界里便只剩下自己，既影响了人际关系又限制了自我发展。

遇喜不亢，恭谨谦卑，这要求我们在获得成绩时保持理智的心态，用平和的态度看待所拥有的一切，把它视为一种激励自己继续前进的力量。

沉溺于一得之功，成绩就会变成包袱，从而在追求梦想的道路上负重前行。要知道，成功的掌声和鲜花是暂时的，当一切回归平静，回归生活时我们会发现，平凡才是最长久的陪伴。